((Prologue))

안녕하세요,
"스피킹 코치
낫(NOT) 뻔한 영어"
저자 윌터입니다.

저는 한국에서 태어났지만, 태어난 지 4개월 만에 호주로 가 그곳에서 자랐습니다. 그래서 제가 말을 처음 배우고 쓰게 된 언어는 영어입니다.

영어를 모국어로 사용하는 사람으로서  거의 모든 책이 "100% 미국식 영어"나 "100% 영국식 영 영어 라는 언어는 여러 나라에서 사용되고 있습니다. 특히 아니 라 호주에서만 사용하는 호주식 영어도 자유자재로 쓰이고 있습니다. 언어의 우리는 용되는 나라에 따라 조금씩 변화된 영어가 흥미롭게 느껴지지 않으신가요? 바로 이 책에 우리가 궁금해하는 호주 영어, 영국 영어, 그리고 미국 영어가 어우러져 담겨 있습니다.

"스피킹 코치 낫(NOT) 뻔한 영어"를 선택해주신 여러분, 책을 통해 뻔하지 않은 영어 표현을 배워 보세요! 하루 5분씩 100일을 꾸준히 학습하면, 남들과는 다른 표현을 쓸 수 있다는 자신감이 생길 거예요. 원어민과의 대화에서 로봇 같은 질문과 대답에 벗어나 영어를 자유자재로 구사해 보세요.

마지막으로 여러분께 드리고 싶은 말은, 한 나라의 영어만 학습하는 사람으로 자신을 가두지 마시고 여러 나라의 영어를 학습해 보세요. 더 많이 배울수록 더 다양한 나라의 사람들과 연결될 수 있습니다.

감사합니다,
Stay Positive!

저자 윌터

((책 내용 미리 보기))

1뻔 생각해 보기

제시된 상황에서 우리가 흔히 쓰는 표현을 잠시 떠올려
보고, 다른 표현으로 뭐가 있을지 예측해 보세요.

2뻔 들여다보기

적재적소에 쓰일 만한 뻔하지 않은 3 문장을
정리해 두었습니다. 입에 찰떡같이 붙을 때까지
반복해서 따라 읽어 보세요.

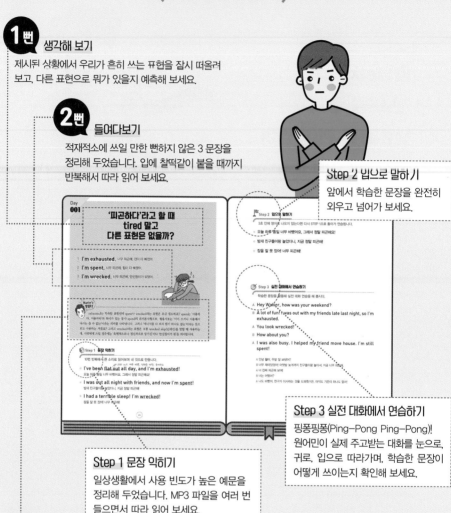

Step 2 입으로 말하기

앞에서 학습한 문장을 완전히
외우고 넘어가 보세요.

Step 3 실전 대화에서 연습하기

핑퐁핑퐁(Ping-Pong Ping-Pong)!
원어민이 실제 주고받는 대화를 눈으로,
귀로, 입으로 따라가며, 학습한 문장이
어떻게 쓰이는지 확인해 보세요.

Step 1 문장 익히기

일상생활에서 사용 빈도가 높은 예문을
정리해 두었습니다. MP3 파일을 여러 번
들으면서 따라 읽어 보세요.

3뻔 Native's TIP!

원어민 Walter쌤이 알려주는 비밀스러운 TIP이 담겨 있습니다.
꼼꼼히 읽어 보시고 일상생활에서의 쓰임을 익혀 보세요.
Walter쌤의 친절한 영어 음성 강의를 듣는 것도 잊지 마세요!
↘ 네이버 오디오 클립 '스피킹 코치 낫(NOT) 뻔한 영어' 검색

스피킹 코치

낫 Not not 뻔한 영어

Walter Keun Gebhard 지음

PAGODA Books

스피킹 코치
낫 뻔한 영어 Not

초판 1쇄 인쇄 2021년 8월 13일
초판 1쇄 발행 2021년 8월 16일

지 은 이 | Walter Keun Gebhard
펴 낸 이 | 고루다
펴 낸 곳 | Wit&Wisdom 도서출판 위트앤위즈덤
임프린트 | PAGODA Books
출판등록 | 2005년 5월 27일 제 300−2005−90호
주   소 | 06614 서울특별시 서초구 강남대로 419, 19층(서초동, 파고다타워)
전   화 | (02) 6940−4070
팩   스 | (02) 536−0660
홈페이지 | www.pagodabook.com

ISBN 978-89-6281-875-8 (13740)

도서출판 위트앤위즈덤   www.pagodabook.com
파고다 어학원   www.pagoda21.com
파고다 인강   www.pagodastar.com
테스트 클리닉   www.testclinic.com

PAGODA Books는 도서출판 **Wit&Wisdom**의 성인 어학 전문 임프린트입니다.
낙장 및 파본은 구매처에서 교환해 드립니다.

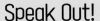

Speak Out!

학습한 DAY들에서 가장 핵심이 되는
문장들을 되새겨 볼 수 있는
복습 시간입니다.

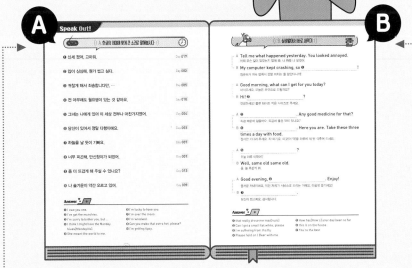

한글의 의미에 맞게 큰 소리로 말해봅시다

우리말로 된 문장을 보고 앞에서 배운 영어 표현
을 떠올려 보세요. 머뭇머뭇 생각할 시간이 더 필
요하다고요? 말문이 막힌 문장은 해당 Day로 되
돌아가 복습하는 시간을 가져 볼게요.

실생활에서 바로 써먹기

다 알 것 같은 착각이 든다고요? 짧은 대화를 가지
고 마지막으로 점검하는 시간을 가져 볼게요. 이제
뻔한 상황에서 뻔하지 않은 영어를 구사할 줄 아는
English speaker로 거듭날 차례입니다!

 파고다 5분톡 학습법

Step 1 교재의 영어 문장을 입으로 많이 (최소 10번) 반복해서 말하세요.

Step 2 저자 직강 데일리 음성 강의를 들으면서 의미와 표현을 이해하세요.

Step 3 교재 예문 MP3를 들으며 따라 말하세요.

Step 4 5분 집중 말하기 훈련을 활용해 영어를 듣고 따라 말하고,
우리말 뜻을 보고 영어로 바꿔 말하는 연습을 하세요.

((이 책의 200% 활용법))

파고다북스 5분톡 바로가기

" 저자 직강 데일리 음성 강의 "

🎲 파고다 베테랑 영어회화 강사의 음성 강의!

🎲 교재 내용을 보다 확실하게 이해시켜 드립니다.

→ 네이버 오디오클립에서 '스피킹 코치 낫(NOT) 뻔한 영어'을 검색해서
청취하세요.

" 교재 예문 MP3 "

🎲 영어 귀가 트이려면 반복해서 듣는 게 최고!

🎲 책에 수록된 모든 예문을 원어민 발음으로 들어볼 수 있도록
MP3를 무료로 제공합니다.

→ 파고다북스 홈페이지에서 다운로드 받아 청취하세요.
(실시간 스트리밍도 가능합니다.)

**하루 5분씩 100일,
내 입에서 영어가 술술 나올 때까지!
파고다 5분톡 〈스피킹 코치 낫(NOT) 뻔한 영어〉
학습을 끌어주고 밀어주는
추가 자료 4가지**

" 5분 집중 말하기 훈련 "

🎲 완벽한 확인 학습으로 문장 마스터!

🎲 교재, 음성 강의, MP3 학습 후 온라인 말하기 훈련 프로그램을
통해 문장 습득과 발음 정확도를 체크해보세요.

→ 파고다북스 홈페이지에서 학습할 수 있습니다.

" 5분톡 발음 클리닉 "

🎲 영어 발음 업그레이드 특훈!

🎲 파고다 베테랑 영어회화 선생님의 강의를 통해 한국인이
어려워하는 영어 발음만 모아 교정, 연습할 수 있습니다.

→ 파고다북스 홈페이지 또는 유튜브에서 '파고다 5분톡 발음 클리닉'을
검색하여 영상을 시청하세요.

((CONTENTS))

Day
001~020

'피곤하다'라고 할 때 tired 말고 다른 표현은 없을까?

1 **I'm exhausted.** 너무 피곤해, 진이 다 빠졌어.

2 **I'm spent.** 너무 피곤해, 힘이 다 빠졌어.

3 **I'm wrecked.** 너무 피곤해, 만신창이가 되었어.

Native's TIP!

exhausted는 익숙한 표현인데 spent나 wrecked라는 표현은 조금 생소하죠? spent는 '사용하다, 이용하다'의 의미가 있는 동사 spend의 과거분사형으로, 형용사로는 '이미 쓰거나 이용해서 다시는 쓸 수 없는'이라는 의미를 나타냅니다. 그러니 '에너지를 다 써서 힘이 하나도 없는'이라는 뜻으로도 사용하는 거겠죠? 그리고 wrecked라는 표현은 보통 wrecked ship(난파선)을 말할 때 사용하는데, 사람에게 쓰일 경우에는 '육체적으로나 정신적으로 망가진'이나 '만신창이가 된'을 의미합니다.

🎲 Step 1 **문장 익히기**

10번 반복해서 큰 소리로 읽어보며 내 것으로 만듭니다.

↪ flat out: 매우 바쁜, 전력을 다한; 죽어라고

● **I've been flat out all day, and I'm exhausted!**
오늘 하루 종일 너무 바빴어요, 그래서 정말 피곤해요!

● **I was out all night with friends, and now I'm spent!**
밤새 친구들이랑 놀았더니, 지금 정말 피곤해!

● **I had a terrible sleep! I'm wrecked!**
잠을 잘 못 잤어! 너무 피곤해!

Step 2 입으로 말하기

3초 안에 영어로 나오지 않는다면 다시 STEP 1으로 돌아가 연습합니다.

● 오늘 하루 종일 너무 바빴어요, 그래서 정말 피곤해요!

● 밤새 친구들이랑 놀았더니, 지금 정말 피곤해!

● 잠을 잘 못 잤어! 너무 피곤해!

Step 3 실전 대화에서 연습하기

학습한 문장을 활용해 실전 대화 연습을 해 봅시다.

A Hey Walter, how was your weekend?

B A lot of fun! I was out with my friends late last night, so I'm exhausted.

A You look wrecked!

B How about you?

A I was also busy. I helped my friend move house. I'm still spent!

A 안녕 월터, 주말 잘 보냈어?
B 너무 재미있었어! 어젯밤 늦게까지 친구들이랑 놀아서, 지금 너무 피곤해.
A 너 진짜 피곤해 보여!
B 너는 어땠어?
A 나도 바빴어. 친구가 이사하는 것을 도와줬거든. 아직도 기운이 하나도 없어!

'배고픔'의 정도에 따라 다르게 말해 봐!

1 **I've got the munchies.** 입이 심심해. 뭔가 씹고 싶다.

2 **I'm peckish.** 출출하다. 약간 배가 고파.

3 **I'm starving.** 배가 너무 고파

Native's TIP!

복수 명사 munchies에는 '간단한 안주류, 스낵; 배고픔'이라는 의미가 있습니다. 따라서 have got[have/get] the munchies는 뭔가 씹고 싶을 때 또는 입이 심심하다고 할 때 쓸 수 있는 표현입니다. 두 번째 문장의 peckish라는 표현은 형용사로 '배가 약간 고픈' 상태를 가리킬 때 사용합니다. 마지막으로, 동사 starve는 '굶주리다'라는 뜻으로, 진행 시제로 쓰이면 보통 '배고파 죽겠다'와 같이 가장 강렬한 단계의 배고픔을 나타냅니다. 참고로 '굶어 죽다'라는 표현은 starve를 이용해 starve to death라고 말한다는 것도 함께 알아두세요.

🎲 Step 1 문장 익히기

10번 반복해서 큰 소리로 읽어보며 내 것으로 만듭니다.

● **I just ate lunch, but I've still got the munchies.**
점심을 방금 먹긴 했지만, 여전히 입이 심심해.

● **I'm full, but I'm still a little peckish.**
배가 부르긴 한데, 아직 조금 출출하네.

● **I haven't eaten since breakfast. I'm starving.**
아침 식사 이후로 아무것도 못 먹었어. 배가 너무 고파.

Step 2 입으로 말하기

3초 안에 영어로 나오지 않는다면 다시 STEP 1으로 돌아가 연습합니다.

◎ 점심을 방금 먹긴 했지만, 여전히 입이 심심해.

◎ 배가 부르긴 한데, 아직 조금 출출하네.

◎ 아침 식사 이후로 아무것도 못 먹었어. 배가 너무 고파.

Step 3 실전 대화에서 연습하기

학습한 문장을 활용해 실전 대화 연습을 해 봅시다.

A **We have some time to kill. Do you want to grab a bite? I've got the munchies.**
   → kill time: 시간을 때우다

B **Yeah, I'm a little peckish, too.**

   A 우리 시간 좀 때워야 하네. 간단히 뭐 좀 먹을까? 나 입이 심심해.
   B 좋아, 나도 조금 출출해.

A **What do you want to eat for lunch?**

B **I'm down for anything. I'm starving!**
   → be down for: ~를 하고 싶다

   A 점심으로 뭐 먹고 싶어요?
   B 아무거나 다 먹고 싶어요. 배가 너무 고파요!

'사랑한다'라는 말을 이렇게 로맨틱하게 하다니!

1 I'm crazy about you.
난 당신에게 푹 빠졌어요.

2 You are everything to me.
당신은 내게 전부예요.

3 I'm lucky to have you.
당신이 있어서 정말 다행이에요.

Native's TIP!

위 세 가지 표현 모두 사랑하는 사람에게 쓸 수 있는 표현들이지만 약간의 뉘앙스 차이가 있습니다. 각 표현의 뉘앙스 차이를 잘 알고 사용하면 좋겠죠?

• I'm crazy about you.: 정말 사랑에 푹 빠졌을 때 쓰는 표현이지만 약간 느끼하게 들릴 수 있음
• You are everything to me.: 좀 더 담백하고 진실한 느낌을 줌
• I'm lucky to have you.: 연인이나 친한 친구에게 쓸 수 있는 표현

Step 1 문장 익히기

10번 반복해서 큰 소리로 읽어보며 내 것으로 만듭니다.

adj. 느끼한; 진부한
● **I know this is a little cheesy, but I'm crazy about you!**
나도 이런 말 하는 게 조금 느끼한 거 아는데, 나 너 미친 듯이 좋아해!

● **Hi my love, I'm just writing a letter to tell you that you are everything to me.**
안녕 내 사랑, 당신이 나에게 전부라고 말하고 싶어서 편지를 써요.

● **Thanks for listening to me complain today. I'm lucky to have you.**
오늘 내 푸념을 들어줘서 고마워. 네가 있어서 정말 다행이야.

Step 2 입으로 말하기

3초 안에 영어로 나오지 않는다면 다시 STEP 1으로 돌아가 연습합니다.

- 나도 이런 말 하는 게 조금 느끼한 거 아는데, 나 너 미친 듯이 좋아해!

- 안녕 내 사랑, 당신이 나에게 전부라고 말하고 싶어서 편지를 써요.

- 오늘 내 푸념을 들어줘서 고마워. 네가 있어서 정말 다행이야.

Step 3 실전 대화에서 연습하기

학습한 문장을 활용해 실전 대화 연습을 해 봅시다.

A Hey Katie, I'm kind of embarrassed to say this, but I'm crazy about you.

B Ewww, that's so cheesy. Just kidding, I'm so glad I'm with you. You are everything to me.

A I know I'm cheesy. But I also want you to know that I'm lucky to have you.

B I'm lucky to have you, too.

A 저기 케이티, 이런 말 하기 좀 부끄럽지만, 나 너 미친 듯이 좋아해.
B 으으, 너무 느끼해. 장난이야. 너랑 함께여서 너무 좋아. 너는 내 전부야.
A 나도 내가 느끼한 거 알아. 그래도 나에게 네가 있어서 정말 다행이라는 걸 알아줬으면 좋겠어.
B 나도 네가 있어서 너무 다행이야.

'이별 후폭풍이 왔을 때'는 어떻게 말할까?

1 **I'm devastated.**
나 너무 충격 받았어. 너무 절망적이야.

2 **She meant the world to me.**
그녀는 나에게 있어 이 세상 전부나 마찬가지였어.

3 **I can't get over her.**
그녀를 못 잊겠어.

Native's TIP!

이별 후 절망적이고 망연자실한 상태를 나타낼 때 devastated라는 표현을 사용합니다. 이 표현은 disappointed '실망한'이라는 표현보다 훨씬 더 강도 높은 절망감의 표현입니다. 두 번째 문장의 mean the world to는 '~에게 있어서 이 세상 그 무엇과도 바꿀 수 없는 존재이다[세상 전부이다]'라는 의미인데요. 즉 이 사람을 내 삶에 있어서 1순위로 둘 만큼 사랑하고 소중히 여긴다는 것을 알 수 있겠죠? 마지막으로, 헤어진 후 이별을 극복한다는 표현은 '~을 잊다'라는 의미의 get over를 써서 나타낸다는 점도 알아두시기 바랍니다.

🎲 Step 1 문장 익히기

10번 반복해서 큰 소리로 읽어보며 내 것으로 만듭니다.

● **I can't believe he broke up with me. I'm devastated.**
그와 헤어졌다는 걸 믿을 수가 없어. 너무 절망적이야.

● **I don't think I will find another person like him. He meant the world to me.**
그와 같은 사람을 또 찾을 수 있을 것 같지 않아. 그는 나에게 이 세상 전부였어.

● **I don't know if I can recover. It's going to be ages before I get over him.**
내가 원래대로 돌아갈 수 있을지 모르겠어. 그를 잊으려면 시간이 무척 오래 걸릴 거야.

Step 2 **입으로 말하기**

3초 안에 영어로 나오지 않는다면 다시 STEP 1으로 돌아가 연습합니다.

- 그와 헤어졌다는 걸 믿을 수가 없어. 너무 절망적이야.

- 그와 같은 사람을 또 찾을 수 있을 것 같지 않아. 그는 나에게 이 세상 전부였어.

- 내가 원래대로 돌아갈 수 있을지 모르겠어. 그를 잊으려면 시간이 무척 오래 걸릴 거야.

 ## Step 3 **실전 대화에서 연습하기**

학습한 문장을 활용해 실전 대화 연습을 해 봅시다.

A Hey Steve, I heard Lily broke up with you. I'm sorry to hear that.

B I don't know what to say. I'm devastated.

A I know she meant the world to you, but you have to stay strong.

B She was so good to me. I'm not sure if I can ever get over her.

A 이봐 스티브, 릴리와 헤어졌다고 들었어. 유감이야.
B 뭐라고 말해야 할지 모르겠다. 너무 절망적이야.
A 그녀가 너에게 이 세상 전부였다는 걸 알아. 하지만 잘 견뎌야 해.
B 그녀는 내게 너무 잘해줬어. 내가 그녀를 평생 잊을 수 있을지 모르겠어.

'항의할 때'는
어떻게 말할까?

1 I have a complaint (to make).
항의할 게 있어요. / 불만 사항이 있어요.

2 I'm sorry to bother you, but …
귀찮게 해서 죄송합니다만, …

3 I'm not happy about[with] …
〜이 마음에 들지 않아요.

Native's TIP!

상점이나 레스토랑에 갔는데 서비스가 마음에 안 들 때 유용하게 쓸 수 있는 표현입니다. 먼저 I have a complaint라고 운을 띄우고 난 다음, 마음에 안 드는 점에 대해서 이야기합니다. 단, 이 표현은 정중하게 했을 때와 안 했을 때의 뉘앙스 차이가 크므로, 말할 때 목소리 톤이나 표정 등에 주의해야 합니다. 두 번째 문장은 굉장히 정중한 방식으로 불만을 제기하는 표현이고, 마지막 문장은 happy 뒤에 오는 내용에 따라 어느 부분에 대해 만족스럽지 못했는지를 표현할 수 있는 문장입니다.

Step 1 문장 익히기

10번 반복해서 큰 소리로 읽어보며 내 것으로 만듭니다.

● Excuse me, I have a complaint. The staff at your restaurant was very rude.
실례합니다, 항의할 게 있어요. 여기 식당 직원이 너무 무례하게 굴었어요.

● I'm sorry to bother you, but I think you gave me the wrong change.
귀찮게 해서 죄송합니다만, 제게 거스름돈을 잘못 주신 것 같아요.

● I'm not happy about your service! It was terrible.
당신의 서비스가 만족스럽지 않아요! 형편없었어요.

Step 2 입으로 말하기

3초 안에 영어로 나오지 않는다면 다시 STEP 1으로 돌아가 연습합니다.

- 실례합니다, 항의할 게 있어요. 여기 식당 직원이 너무 무례하게 굴었어요.

- 귀찮게 해서 죄송합니다만, 제게 거스름돈을 잘못 주신 것 같아요.

- 당신의 서비스가 만족스럽지 않아요! 형편없었어요.

 Step 3 실전 대화에서 연습하기

학습한 문장을 활용해 실전 대화 연습을 해 봅시다.

A Hello, I have a complaint. I ordered a medium rare steak, but this is rare.

B I'm really sorry. Let me take this back to the chef.

A 안녕하세요. 저 항의할 게 있어요. 저는 미디엄 레어 스테이크를 주문했는데, 이건 레어예요.
B 정말 죄송합니다. 주방장에게 다시 가져다주겠습니다.

A Excuse me, I'm sorry to bother you, but your music is very loud. Can you please turn it down?

B Oh, I'm sorry. I didn't realize.

A 실례합니다, 귀찮게 해서 죄송합니다만, 음악 소리가 너무 커요. 혹시 소리를 줄여주실 수 있나요?
B 오, 죄송합니다. 몰랐어요.

A I'm not happy with my grade on the test.

B Well, if you had studied harder, you would have gotten a better result.

A 제 시험 성적이 만족스럽지 않아요.
B 글쎄, 네가 더 열심히 공부했더라면, 더 좋은 결과가 있었을 거야.

'화난다'라고 할 때 angry 말고 다른 표현은 없을까?

1 I'm so pissed[ticked] off right now!
나 지금 진짜 짜증 나!

2 The slow Internet is driving me nuts!
인터넷이 느려서 미치겠어!

3 It really gets to me.
진짜 신경에 거슬려. / 진짜 화나.

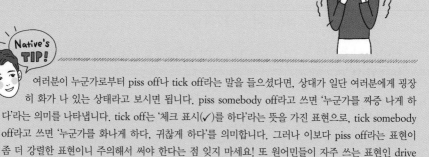

Native's TIP!

여러분이 누군가로부터 piss off나 tick off라는 말을 들으셨다면, 상대가 일단 여러분에게 굉장히 화가 나 있는 상태라고 보시면 됩니다. piss somebody off라고 쓰면 '누군가를 짜증 나게 하다'라는 의미를 나타냅니다. tick off는 '체크 표시(✓)를 하다'라는 뜻을 가진 표현으로, tick somebody off라고 쓰면 '누군가를 화나게 하다, 귀찮게 하다'를 의미합니다. 그러나 이보다 piss off라는 표현이 좀 더 강렬한 표현이니 주의해서 써야 한다는 점 잊지 마세요! 또 원어민들이 자주 쓰는 표현인 drive somebody nuts[crazy/mad/insane] 외에 get to somebody라는 표현은 '~을 괴롭히다, ~에게 영향을 미치다'라는 의미로 누군가의 신경을 거스를 때 쓰입니다.

🎲 Step 1 문장 익히기

10번 반복해서 큰 소리로 읽어보며 내 것으로 만듭니다.

- **The whole thing just pissed me off.**
  모든 게 다 그냥 짜증이 났어.

- **This assignment is really driving me nuts!**
  이 과제는 정말 날 미치게 해!

- **It really gets to me when she does that.**
  그녀가 그렇게 할 때 정말 신경에 거슬려.

Step 2 입으로 말하기

3초 안에 영어로 나오지 않는다면 다시 STEP 1으로 돌아가 연습합니다.

- 모든 게 다 그냥 짜증이 났어.

- 이 과제는 정말 날 미치게 해!

- 그녀가 그렇게 할 때 정말 신경에 거슬려.

Step 3 실전 대화에서 연습하기

학습한 문장을 활용해 실전 대화 연습을 해 봅시다.

A **I had such a bad day at work today. Everything ticked me off!**

B **Tell me what happened.**

↪ crash v. (컴퓨터가) 고장 나다, 갑자기 작동이 안 되다

A **My computer kept crashing, so that really drove me mad!**

B **You can't let this day get to you. Cheer up!**

A 오늘 회사에서 너무 힘든 날이었어. 모든 게 다 짜증이 났어!
B 무슨 일이 있었는지 말해 봐.
A 컴퓨터가 계속 멈춰서 정말 미치는 줄 알았다니까!
B 오늘 일 너무 신경 쓰지 마. 힘내!

'행복하다'라고 할 때 happy밖에 생각이 안 난다면?

1 **I'm over the moon.**
하늘을 날 듯이 기뻐요.

2 **She's on cloud nine.**
그녀가 구름 위에 붕 떠 있는 것처럼 정말 행복해하네요.

3 **I'm stoked[chuffed].**
너무 신나. / 정말 기뻐.

Native's TIP!

기쁨을 표현할 때 I'm happy 혹은 I'm excited라는 표현 외에도 다양한 표현을 사용할 수 있습니다. be over the moon과 be on cloud nine 둘 다 행복한 감정을 나타내는 표현인데요. 보통 좋은 소식을 듣고 '하늘을 날 듯이 기쁘다' 또는 '구름 위에 붕 떠 있는 것처럼 행복하다'라는 의미로 사용됩니다. be stoked와 be chuffed의 경우엔 각각 미국식, 영국식 슬랭에 가까운 표현인데요. '너무 신나, 정말 기뻐' 등 기분이 아주 좋다는 의미로 쓰입니다.

 Step 1 문장 익히기

10번 반복해서 큰 소리로 읽어보며 내 것으로 만듭니다.

● **I finally got a pay rise, so I'm over the moon.**
저 드디어 임금이 인상됐어요. 그래서 너무 기뻐요.

● **He's been on cloud nine ever since he found out his wife was pregnant.**
그는 아내가 임신했다는 걸 알고 난 후부터 정말 행복해해요.

● **I'm stoked for this weekend. It's going to be so fun!**
이번 주말이 기대돼서 정말 신나요. 진짜 재미있을 거예요!

Step 2 입으로 말하기

3초 안에 영어로 나오지 않는다면 다시 STEP 1으로 돌아가 연습합니다.

● 저 드디어 임금이 인상됐어요, 그래서 너무 기뻐요.

● 그는 아내가 임신했다는 걸 알고 난 후부터 정말 행복해해요.

● 이번 주말이 기대돼서 정말 신나요. 진짜 재미있을 거예요!

 ## Step 3 실전 대화에서 연습하기

학습한 문장을 활용해 실전 대화 연습을 해 봅시다.

A Hey Ben, I heard you passed the test. You must be over the moon.

B Yeah, I'm chuffed. I studied hard for that test. How did you go?

A I passed, so I'm happy. But Steve got a perfect score.

B A perfect score? He must be on cloud nine then.

A 안녕 벤, 너 시험에 합격했다고 들었어. 너 기분 정말 좋겠다.
B 응. 너무 좋아. 그 시험을 위해 열심히 공부했거든. 너는 어떻게 됐어?
A 나도 합격했어, 그래서 지금 행복해. 그런데 스티브는 만점 받았어.
B 만점이라고? 스티브는 정말 행복하겠다.

'슬프다'라고 할 때 sad 말고
다른 표현은 없을까?

1 **I feel blue today.** 오늘은 기분이 울적해.

2 **You're going to be bummed out about this result.**
너 이번 결과로 인해 실망할 거야.

3 **I'm down in the dumps.** 나 정말 우울해.

Native's TIP!

　　　　sad 외에도 슬프거나 우울한 감정을 나타내는 다양한 표현들이 있습니다. 먼저, '울적하다, 우울하다'라고 표현하고 싶을 때는 보통 feel blue (about sth)라는 표현을 씁니다. 두 번째, bum 이라는 동사는 '~를 실망시키다'라는 뜻을 가진 표현으로, bummed라고 하면 형용사로 '낙심한, 실망한'이라는 의미가 됩니다. 따라서 낙심한 상태는 be bummed out (about sth) 구문을 사용하여 '(~로 인해) 실망하다, 낙심하다'라는 의미를 가진 표현으로 나타냅니다. 마지막 be (down) in the dumps (about sth)의 경우, dump가 '쓰레기장, 쓰레기 매립지'라는 뜻이 있어서 '쓰레기장에 처박히다, 시궁창 속에 있다'라는 의미로 굉장히 우울한 상태를 나타냅니다.

🎲 Step 1 문장 익히기

10번 반복해서 큰 소리로 읽어보며 내 것으로 만듭니다.

● **These days, he is feeling blue about the breakup.**
요즘, 그는 이별 때문에 울적해하고 있어요.

● **I'm really bummed out about my travel plans being canceled.**
제 여행 계획이 취소돼서 너무 속상해요.

● **Ever since she lost her job, she really has been down in the dumps.**
그녀는 실직한 뒤로 계속, 굉장히 우울해하고 있어요.

Step 2 입으로 말하기

3초 안에 영어로 나오지 않는다면 다시 STEP 1으로 돌아가 연습합니다.

- 요즘, 그는 이별 때문에 울적해하고 있어요.

- 제 여행 계획이 취소돼서 너무 속상해요.

- 그녀는 실직한 뒤로 계속, 굉장히 우울해하고 있어요.

 Step 3 실전 대화에서 연습하기

학습한 문장을 활용해 실전 대화 연습을 해 봅시다.

A How is Stuart taking the breakup? I can see he feels really blue about it.

B Poor Stuart. He has had a difficult year. He was down in the dumps before the breakup.

A Oh really? Why?

B He was bummed out about losing his job last month.

A 스튜어트는 헤어지고 나서 좀 어때? 이별 때문에 너무 울적해 보이던데.
B 불쌍한 스튜어트. 그는 힘든 한 해를 보내고 있어. 헤어지기 전에도 무척 우울해했어.
A 아 진짜? 왜?
B 지난달에 실직해서 낙심해하더라고.

'술에 취했을 때'는
어떻게 말할까?

<u>1</u> **He was sober last night.** 그는 어젯밤에 술에 취하지 않았어요.

<u>2</u> **I'm getting tipsy.** 나 술기운이 약간 <u>오르고</u> 있어.

<u>3</u> **She was drunk.** 그녀는 술에 취했어.

Native's TIP!

　　　drunk는 '술에 취한' 상태를 말하는 표현으로, 술에 취한 상태를 더 직설적으로 표현할 때는 wasted, hammered라고 합니다. tipsy와 같은 경우, '술에 살짝 취한' 상태를 나타내므로 완전히 취한 상태가 아닐 때 이 표현을 쓸 수 있겠죠. 반면, 술에 하나도 취하지 않고 멀쩡한 상태는 sober라고 합니다. sober는 '술 취하지 않은'이란 뜻으로, '냉철한'이라는 의미로도 쓰입니다. 그러니 정말 멀쩡한 상태를 나타낼 때 쓰는 표현이라고 할 수 있죠.

🎲 Step 1 문장 익히기

　　10번 반복해서 큰 소리로 읽어보며 내 것으로 만듭니다.

● **Clark is 5 months sober today. Congratulations.**
　오늘은 클라크가 금주한 지 5개월째 되는 날이야. 축하해.

● **I had a lot to drink last night, but I still only felt tipsy.**
　어젯밤에 술을 많이 마셨는데, 그래도 조금밖에 안 취했어.

● **I got really drunk last night! I have a killer hangover right now.**
　어젯밤에 진짜 많이 취했었어! 지금 숙취가 너무 심해.

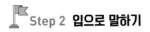

Step 2 입으로 말하기

3초 안에 영어로 나오지 않는다면 다시 STEP 1으로 돌아가 연습합니다.

- 오늘은 클라크가 금주한 지 5개월째 되는 날이야. 축하해.

- 어젯밤에 술을 많이 마셨는데, 그래도 조금밖에 안 취했어.

- 어젯밤에 진짜 많이 취했었어! 지금 숙취가 너무 심해.

 ## Step 3 실전 대화에서 연습하기

학습한 문장을 활용해 실전 대화 연습을 해 봅시다.

A Did you have a good time at the party? Did you get hammered?

B Nah, it was a lot of fun, but I was sober. I had to drive.

A How about Ted? He always gets wasted.

B He was a little bit tipsy, but I don't think he was drunk.

A 어젯밤 파티에서 재미있게 놀았어? 너 많이 취했었어?
B 아니, 너무 재밌었는데, 취하지는 않았어. 운전해야 했거든.
A 테드는 어땠어? 테드는 술을 마시면 항상 만취가 되잖아.
B 테드가 약간 취하긴 했는데, 많이 취하지는 않았던 것 같아.

'월요일 아침 대화'는 어떻게 시작하는 게 좋을까?

1 **How was your weekend?**
주말 어땠어요?

2 **What did you do?**
뭐 했어요?

3 **I think I might have the Monday blues[Mondayitis].**
전 아무래도 월요병이 있는 것 같아요.

Native's TIP!

　　월요일만 되면 주고받는 대화가 정해져 있죠? 주말을 잘 보냈는지, 주말에 뭐 했는지 등을 서로 공유하며 한 주의 아침을 열곤 합니다. 가끔 피곤할 때는 월요병에 걸린 것 같다는 표현을 쓰기도 하는데요. 이때, 이 '월요병'은 Monday blues라고 하거나 주로 질병에 붙는 접미사인 -itis를 이용해서 Mondayitis라고 표현하기도 합니다. 발음은 [먼데이아이티스]라고 하니, 알아두면 월요일 아침에 친구 혹은 동료와 좀 더 다양하게 대화를 할 수 있겠죠?

🎲 Step 1 문장 익히기

　　10번 반복해서 큰 소리로 읽어보며 내 것으로 만듭니다.

● **Good morning, Ricky. How was your weekend?**
좋은 아침이에요, 리키. 주말 잘 보냈어요?

● **What did you do on the weekend?**
주말에 뭐 했어요?

● **I feel terrible. I think I might have Mondayitis.**
너무 힘들어요. 아무래도 저는 월요병이 있는 것 같아요.

Step 2 입으로 말하기

3초 안에 영어로 나오지 않는다면 다시 STEP 1으로 돌아가 연습합니다.

● 좋은 아침이에요, 리키. 주말 잘 보냈어요?

● 주말에 뭐 했어요?

● 너무 힘들어요. 아무래도 저는 월요병이 있는 것 같아요.

Step 3 실전 대화에서 연습하기

학습한 문장을 활용해 실전 대화 연습을 해 봅시다.

A Good morning, Grace. How was your weekend?

B Hey Jo, it wasn't bad. I just hung out with my boyfriend.

A Oh, cool! What did you do?

B We went for a hike, and afterward we had a picnic. I'm exhausted. I think I might have Mondayitis.

A 안녕하세요, 그레이스 씨. 주말 잘 보냈어요?
B 안녕하세요 조 씨, 나쁘지 않았어요. 그냥 남자 친구 만나서 시간 보냈어요.
A 오, 멋지네요! 뭐 했어요?
B 하이킹 다녀오고, 그러고 나서 소풍 갔어요. 너무 피곤하네요. 아무래도 저는 월요병이 있는 것 같아요.

'어색한 콩글리시'로 망신 당하지 않으려면 제대로 알아 두자!

<u>1</u> **I want to move into a studio flat with my cat.**
난 내 고양이랑 같이 원룸으로 이사 가고 싶어.

<u>2</u> **I don't have any money to spend these days, so I'll just go window shopping.**
요새 쓸 돈이 하나도 없어. 그러니 그냥 아이쇼핑이나 하러 가야겠다.

<u>3</u> **Good evening, this is on the house. Enjoy!**
즐거운 저녁이네요. 이건 저희가 서비스로 드리는 거예요. 마음껏 즐기세요!

Native's TIP!

원어민이 들으면 의아해할 콩글리시 몇 개만 간략히 알아봅시다. 우선 흔히들 방이 하나인 집을 가리킬 때 쓰는 '원룸'은 보통 studio apartment라고 하며, 영국에서는 studio flat이라고 합니다. 두 번째, 쇼핑 가서 구경만 하는 '아이쇼핑'은 window shopping이라고 표현할 수 있습니다. 마지막으로 가게에서 '서비스로 드릴게요'라고 할 땐 어떻게 말할까요? 우리말을 그대로 영문으로 옮겨서 It's our service.라고 생각하기 쉽지만 보통 on the house를 쓰거나 간단히 free라고 말하기도 합니다. house는 '집'이라는 뜻도 있지만, '식당'이라는 뜻도 있어서 '저희(식당)가 서비스로 드릴게요'라는 표현을 on the house로 쓴다는 점 잘 기억해 두세요.

🎲 Step 1 문장 익히기

10번 반복해서 큰 소리로 읽어보며 내 것으로 만듭니다.

- **I just moved into a studio flat. It's new and modern but a little small.** 나 방금 원룸으로 이사했어. 새것이고 현대식이긴 한데 약간 작아.

- **I went to the shopping mall yesterday, but I just window shopped.** 어제 쇼핑몰에 갔는데, 그냥 아이쇼핑만 했어.

- **Looks like you've had a bad day. Here is a drink on the house.** 오늘 뭐 안 좋은 일 있으셨나 봐요. 여기 이 술은 저희가 서비스로 드리겠습니다.

Step 2 입으로 말하기

3초 안에 영어로 나오지 않는다면 다시 STEP 1으로 돌아가 연습합니다.

- 나 방금 원룸으로 이사했어. 새것이고 현대식이긴 한데 약간 작아.

- 어제 쇼핑몰에 갔는데, 그냥 아이쇼핑만 했어.

- 오늘 뭐 안 좋은 일 있으셨나 봐요. 여기 이 술은 저희가 서비스로 드리겠습니다.

 ## Step 3 실전 대화에서 연습하기

학습한 문장을 활용해 실전 대화 연습을 해 봅시다.

A What do you think of my new studio apartment? Pretty nice, right?

B Yeah, I really envy you. Anyways, let's go window shopping around the mall today. What do you say?

A Sounds like a good idea. Where do you want to go afterwards?

B How about that nice little bar we went to last time? You know, the one where we got drinks on the house.

A 내 새로운 원룸 어때? 정말 멋져, 그렇지 않니?
B 응, 네가 정말 부러워. 어쨌든, 오늘 쇼핑몰 돌아다니며 아이쇼핑하자. 어떻게 생각해?
A 좋은 생각인 것 같아. 그런 다음 어디에 가고 싶어?
B 지난번에 갔던 그 작고 괜찮은 바 어때? 그 왜 있잖아, 술을 서비스로 주었던 곳 말이야.

'커피를 주문할 때'는 어떻게 말할까?

1 **Hi, can I get a large Americano, please?**
안녕하세요. 아메리카노 큰 사이즈로 주세요.

2 **I'll have an Americano with an extra shot, please.**
아메리카노에 샷 하나 더 추가해 주세요.

3 **Can you make that extra hot, please?**
좀 더 뜨겁게 해 주실 수 있나요?

Native's TIP!

음료 주문 시 자주 사용하는 표현을 알아봅시다.

온도	Can you make that cold/hot/extra hot, please? 차갑게/뜨겁게/좀 더 뜨겁게 해 주실 수 있나요?
얼음	Can I get ice on the side? 얼음 따로 주시겠어요?
우유	I'll have a chai tea latte with soy milk, please. 차이 티 라테 두유로 해 주세요.
당도	I want it (lightly) sweetened. (약간만) 달게 해 주세요.
휘핑크림	Can I have that with (no) whipped cream? 휘핑크림 올려/빼 주세요.
시럽	I'll have a caramel latte with less/half pumps of syrup, please. 캐러멜 라테에 시럽 적게/반만 넣어 주세요.
테이크아웃	Can I get a carrier (with a handle)? (손잡이 있는) 캐리어 주시겠어요?

 Step 1 문장 익히기

10번 반복해서 큰 소리로 읽어보며 내 것으로 만듭니다.

● **Hi, can I get a large latte, please?**
안녕하세요. 라테 큰 사이즈로 부탁드립니다.

● **I'll have an Americano with an extra shot, please. To go as well.** 아메리카노에 샷 하나 더 추가해 주세요. 그리고 테이크아웃으로 부탁드려요.

● **Can you make that extra hot, please? No sugar as well, thanks.** 좀 더 뜨겁게 해 주실 수 있나요? 그리고 설탕은 빼 주시면 감사하겠습니다.

Step 2 입으로 말하기

3초 안에 영어로 나오지 않는다면 다시 STEP 1으로 돌아가 연습합니다.

◉ 안녕하세요, 라테 큰 사이즈로 부탁드립니다.

◉ 아메리카노에 샷 하나 더 추가해 주세요. 그리고 테이크아웃으로 부탁드려요.

◉ 좀 더 뜨겁게 해 주실 수 있나요? 그리고 설탕은 빼 주시면 감사하겠습니다.

 ## Step 3 실전 대화에서 연습하기

학습한 문장을 활용해 실전 대화 연습을 해 봅시다.

A Good morning, what can I get for you today?

B Hi! Can I get a small flat white, please?

A Sure, is that everything today?

B I feel a little tired today. I'll have it with an extra shot, please.

A Sure thing, so that's an extra shot, small flat white.

B Yes, and can you make that extra hot, please?

A No problem, coming right up.

A 어서오세요, 오늘은 무엇으로 드릴까요?
B 안녕하세요! 플랫 화이트 작은 사이즈로 주세요.
A 네, 그 외 더 필요한 건 없으세요?
B 오늘 좀 피곤하네요. 샷 하나 더 추가 부탁드릴게요.
A 물론입니다. 그럼 샷 하나 더 추가한 작은 사이즈 플랫 화이트로 해 드리겠습니다.
B 네, 그리고 좀 더 뜨겁게 부탁드리겠습니다.
A 알겠습니다. 바로 가져다드릴게요.

Day
013

'약을 살 때' 필요한
표현들을 알아볼까?

1 **I have a stomachache.** 배가 아파요.

2 **I'm suffering from the flu.** 독감에 걸려서 아파요.

3 **Do you have anything for a headache?**
두통약 있나요?

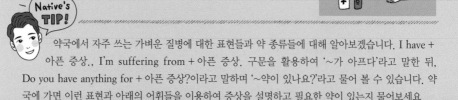

Native's TIP!

약국에서 자주 쓰는 가벼운 질병에 대한 표현들과 약 종류들에 대해 알아보겠습니다. I have + 아픈 증상., I'm suffering from + 아픈 증상. 구문을 활용하여 '~가 아프다'라고 말한 뒤, Do you have anything for + 아픈 증상?이라고 말하며 '~약이 있나요?'라고 물어 볼 수 있습니다. 약국에 가면 이런 표현과 아래의 어휘들을 이용하여 증상을 설명하고 필요한 약이 있는지 물어보세요.

아픈 증상	sore throat 인후염, 목앓이 runny nose 콧물 stomachache 복통 headache 두통 fever 열 body ache 몸살 sneeze 재채기 cough 기침 sore muscles 근육통 indigestion 소화불량 itchy 가려운 motion sickness 멀미
약 종류	pain killer 진통제 aspirin 두통약 digestive medicine 소화제 cold medicine 감기약 ointment 연고 pain relief patch 파스 Band-Aid 반창고 disinfectant 소독약 anti-diarrheal 지사제 motion sickness medicine 멀미약

 Step 1 문장 익히기

10번 반복해서 큰 소리로 읽어보며 내 것으로 만듭니다.

● **I have a cough and a fever.**
기침을 하고 열이 나요.

● **I'm suffering from indigestion, and I have a stomachache.**
소화가 잘 안돼서 너무 힘들고, 복통이 있어요.

● **Do you have anything for a sore throat?**
목 아플 때 먹는 약 있나요?

38

Step 2 입으로 말하기

3초 안에 영어로 나오지 않는다면 다시 STEP 1으로 돌아가 연습합니다.

- 기침을 하고 열이 나요.

- 소화가 잘 안돼서 너무 힘들고, 복통이 있어요.

- 목 아플 때 먹는 약 있나요?

Step 3 실전 대화에서 연습하기

학습한 문장을 활용해 실전 대화 연습을 해 봅시다.

A Hello, what can I do for you today?

B Hello, I might have the flu. I have a runny nose and a cough.

A Okay, do you have a sore throat?

B A little, also I'm suffering from a fever.

A Okay, take these three times a day with food.

B Also, do you have anything for a mosquito bite?

A 안녕하세요. 무엇을 도와 드릴까요?
B 안녕하세요. 아무래도 제가 독감에 걸린 것 같아요. 콧물이 나오고 기침도 해요.
A 그렇군요. 목도 아프세요?
B 조금 아파요. 그리고 열이 나서 힘들어요.
A 알겠습니다. 이것(이 약)을 하루에 세 번 식후에 드세요.
B 그리고 또, 모기 물렸을 때 쓰는 약 있나요?

'혼란스럽다'라는 말을
어떻게 해야 할지 몰라서
쩔쩔매고 있다면?

1 **I'm stumped.** 나 진짜 당황스러워, 쩔쩔매는 중이야.

2 **I'm baffled.** 당혹스럽고 얼떨떨해, 도저히 이해가 안 돼.

3 **I'm puzzled.** 정말 모르겠어, 얼떨떨해.

Native's TIP!

우리가 보통 '혼란스럽다'라고 할 때 I am confused.라는 말을 참 많이 쓰죠? 우리말에서는 혼란스러운 감정을 '당황스럽다, 헷갈린다, 어렵다, 얼떨떨하다' 등의 여러 표현을 사용해 말하곤 하는데요. 영어에서도 stumped, baffled, puzzled라는 단어를 사용해서 다양하게 표현할 수 있습니다. 이 세 가지 표현은 모두 '당황스러운, 얼떨떨한, 어리둥절한, 이해가 안 되는'이란 뜻의 동의어로, 번갈아 가며 사용해도 무방합니다.

Step 1 문장 익히기

10번 반복해서 큰 소리로 읽어보며 내 것으로 만듭니다.

● **Do you know how to turn this coffee machine on? I'm stumped.**
이 커피 머신 어떻게 켜는지 알아? 나 지금 쩔쩔매는 중이야.

● **I'm baffled as to why Chris is wearing a T-shirt in the winter.**
난 크리스가 왜 겨울에 티셔츠를 입고 있는 건지 이해가 안 돼.

● **I'm puzzled as to why this isn't working.**
이게 왜 작동이 안 되는지 정말 모르겠어.

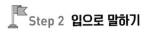

Step 2 입으로 말하기

3초 안에 영어로 나오지 않는다면 다시 STEP 1으로 돌아가 연습합니다.

● 이 커피 머신 어떻게 켜는지 알아? 나 지금 쩔쩔매는 중이야.

● 난 크리스가 왜 겨울에 티셔츠를 입고 있는 건지 이해가 안 돼.

● 이게 왜 작동이 안 되는지 정말 모르겠어.

Step 3 실전 대화에서 연습하기

학습한 문장을 활용해 실전 대화 연습을 해 봅시다.

A Lucy, can you help me? I'm stumped! I don't know how to work the photocopier.

B Sure, let me show you. Hmm, hang on. It doesn't seem to be working. I'm baffled as to why.

A Thank god! I thought it was just me.

B No, I'm a little puzzled as to why this isn't working as well.

A 루시, 저 좀 도와주시겠어요? 지금 쩔쩔매는 중이에요! 복사기 어떻게 쓰는 건지 모르겠어요.
B 그럼요. 보여 드릴게요. 흠, 잠깐만요. 작동을 안 하는 것 같아요. 왜 이런지 모르겠어요.
A 다행이다! 저는 저만 그런 줄 알았어요.
B 아니요. 저도 이게 왜 안 되는지 조금 어리둥절하네요.

'흥미나 관심사'를 표현할 땐
간단히 이렇게 말해 봐!

1 **I'm into learning about the stock market.**
난 주식 거래에 대해 배우는 것에 관심 있어.

2 **I'm a huge fan of his music.**
난 그의 음악의 열혈 팬이야.

3 **It's not my cup of tea.**
그건 내 취향은 아니야.

Native's TIP!

원어민들과 더 가까워지기 위해서는 아무래도 서로의 흥미나 관심사를 공유하는 것이 좋겠죠?
이럴 땐 I'm into ~, I'm a fan of ~라는 표현을 사용하여 '~에 관심이 있다', '~의 팬이다'라고 말
할 수 있습니다. 여기서 into와 of 뒤의 목적어 자리에는 동명사나 명사가 옵니다. 또, I'm a fan of ~에
서 fan 앞에 huge나 big을 더하면 '정말 팬이에요'라고 좀 더 열렬한 애정을 표현할 수도 있습니다. cup
of tea는 '취향'이라는 의미로, It's not my cup of tea.라고 하면 '내 취향은 아니야'라는 의미를 나타냅
니다. 주로 앞에 not을 붙여서 부정적인 표현으로 더 자주 쓰인다는 것을 함께 알아두세요.

🎲 **Step 1 문장 익히기**

10번 반복해서 큰 소리로 읽어보며 내 것으로 만듭니다.

● **I'm really into watching TV series these days.**
요즘 TV 시리즈 보는 게 정말 좋아.

● **I'm a huge fan of Son Heung-min.**
나는 손흥민 선수의 열혈 팬이야.

● **Romance movies aren't my cup of tea.**
로맨스 영화는 내 취향이 아니에요.

Step 2 입으로 말하기

3초 안에 영어로 나오지 않는다면 다시 STEP 1으로 돌아가 연습합니다.

- 요즘 TV 시리즈 보는 게 정말 좋아.

- 나는 손흥민 선수의 열혈 팬이야.

- 로맨스 영화는 내 취향이 아니에요.

Step 3 실전 대화에서 연습하기

학습한 문장을 활용해 실전 대화 연습을 해 봅시다.

A Have you seen the new TV show that just came out? I'm really into it these days.

B Oh yeah, it's really good. I'm a big fan of the main actress.

A Really? I'm not a fan, but I do like the story a lot.

B I guess she's not everyone's cup of tea.

A 이제 막 새로 시작한 TV 프로그램 봤어? 나 요즘 그거 너무 좋아.
B 맞아, 너무 재미있어. 나는 그 여주인공의 열혈 팬이야.
A 진짜? 나는 팬은 아니지만, 이야기가 너무 맘에 들어.
B 그 여배우는 모든 사람이 다 좋아할 취향은 아닌 것 같아.

'서둘러'라고 재촉할 때
hurry 말고 또 어떻게 말할까?

1 **Let's get going.** 어서 가자.

2 **We must hurry.** 서둘러야 해.

3 **Chop-chop!** 빨리빨리 해!

Native's TIP!

시간에 쫓기는데 친구나 동료가 늦게 준비하면 너무 답답하죠? 이때 서둘러야 한다고 하면 보통 hurry라는 표현을 떠올릴 텐데요. 이 표현 말고도 원어민들은 다양한 표현을 사용합니다. Let's get going.이라든지, 좀 더 급할 땐 We must hurry.라고 돌려서 말하기도 하죠. 친한 친구 사이면 Chop-chop!이라는 표현을 사용하기도 하는데요. 이때는 보통 박수를 두 번 맞춰 치면서 Chop! Chop! 하고 외칩니다. '자 빨리빨리!'라는 뉘앙스로 말이죠. 그러니 상사나 처음 보는 사람에게 쓰면 굉장히 무례하게 들릴 수 있다는 것을 기억하고 유의해서 사용하세요!

🎲 Step 1 문장 익히기

10번 반복해서 큰 소리로 읽어보며 내 것으로 만듭니다.

● **Let's get going; otherwise, we will be late.**
어서 가자. 그렇지 않으면 늦겠어.

● **We must hurry; otherwise, we are going to miss the plane.**
우리 서둘러야 해요. 그렇지 않으면 비행기 놓치겠어요.

● **Chop-chop, I don't have all day.**
빨리빨리 해. 나 시간 없거든.

# Step 2 입으로 말하기

3초 안에 영어로 나오지 않는다면 다시 STEP 1으로 돌아가 연습합니다.

- 어서 가자, 그렇지 않으면 늦겠어.

- 우리 서둘러야 해요, 그렇지 않으면 비행기 놓치겠어요.

- 빨리빨리 해, 나 시간 없거든.

Step 3 실전 대화에서 연습하기

학습한 문장을 활용해 실전 대화 연습을 해 봅시다.

A Jack, time to get up. Today we must hurry because I don't want to be late.

B Alright mum, in a minute.

(10 minutes later)

A Jack, let's get going. Have you had a shower yet?

B Not yet, I'll have one now.

(20 minutes later)

A JACK! Chop-chop, we need to go now.

A 잭, 일어날 시간이야. 오늘 난 늦고 싶지 않으니 우리 서둘러야 해.
B 네 엄마, 곧 일어날게요.
(10분 후)
A 잭, 빨리 해. 샤워 벌써 했어?
B 아직이요. 지금 할게요.
(20분 후)
A 잭! 빨리빨리 해, 우리 지금 나가야 돼.

'고마워'라고 할 때
thank you밖에 안 떠오른다면?

<u>1</u> **You're the best.** 네가 최고야, 고마워.

<u>2</u> **I owe you one.** 신세 졌어, 고마워.

<u>3</u> **I'm truly thankful.** 진심으로 감사합니다.

Native's TIP!

'고맙다'라는 말은 Thank you.나 Thank you very much. 등의 표현을 많이 쓰죠? 좀 더 진심이 담긴 마음을 표현하고 싶다면 You're the best., I owe you one.이라고 말해 보세요. '네가 최고야', '신세 졌어'라는 의미로, 표면적인 뜻 외에 기저에는 상대에 대한 고마움이 깔린 표현입니다. I'm truly thankful. '진심으로 감사합니다.' 같은 경우에는 공식적인 자리, 예를 들어 수상 소감을 말하는 자리에서 사용할 수 있으니 함께 기억하세요.

Step 1 문장 익히기

10번 반복해서 큰 소리로 읽어보며 내 것으로 만듭니다.

● **You made this for me? You're the best.**
이거 날 위해 만든 거야? 네가 최고야.

● **Thanks for helping me last weekend. I owe you one.**
지난 주말에 도와줘서 고마워. 신세 졌어.

● **I'm truly thankful for receiving this award for the employee of the year.**
올해의 직원상을 받게 된 데에 정말 감사하게 생각합니다.

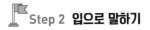

Step 2 입으로 말하기

3초 안에 영어로 나오지 않는다면 다시 STEP 1으로 돌아가 연습합니다.

- 이거 날 위해 만든 거야? 네가 최고야.

- 지난 주말에 도와줘서 고마워. 신세 졌어.

- 올해의 직원상을 받게 된 데에 정말 감사하게 생각합니다.

 ## Step 3 실전 대화에서 연습하기

학습한 문장을 활용해 실전 대화 연습을 해 봅시다.

A Thanks for picking me up from the airport. You're the best.

B No problem. You helped me move house last year, so I owe you one.

A Don't mention it! I'm truly thankful for your friendship.

B Hey, what are friends for?

A 공항에 데리러 와줘서 고마워. 네가 최고야.
B 괜찮아. 작년에 네가 나 이사하는 것을 도와줬잖아. 그래서 너한테 신세 진 게 있었어.
A 그런 말 마! 난 너의 우정에 정말 고마운 마음이야.
B 야, 친구 좋다는 게 뭐냐?

'잠시만요'라며 기다려 달라고 부탁할 때 쓰는 표현들은 뭐가 있을까?

¹ **Please hold on.**
잠시만 기다려 주세요.

² **Sorry, this will only take a few seconds.**
죄송해요, 잠깐이면 될 거예요.

³ **Bear with me.**
조금만 참아 주세요. / 조금만 기다려 주세요.

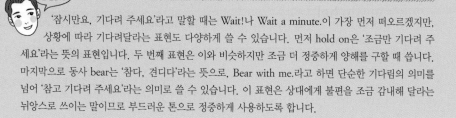

Native's TIP!

'잠시만요, 기다려 주세요'라고 말할 때는 Wait!나 Wait a minute.이 가장 먼저 떠오르겠지만, 상황에 따라 기다려달라는 표현도 다양하게 쓸 수 있습니다. 먼저 hold on은 '조금만 기다려 주세요'라는 뜻의 표현입니다. 두 번째 표현은 이와 비슷하지만 조금 더 정중하게 양해를 구할 때 씁니다. 마지막으로 동사 bear는 '참다, 견디다'라는 뜻으로, Bear with me.라고 하면 단순한 기다림의 의미를 넘어 '참고 기다려 주세요'라는 의미로 쓸 수 있습니다. 이 표현은 상대에게 불편을 조금 감내해 달라는 뉘앙스로 쓰이는 말이므로 부드러운 톤으로 정중하게 사용하도록 합니다.

🎲 Step 1 문장 익히기

10번 반복해서 큰 소리로 읽어보며 내 것으로 만듭니다.

● **Please hold on. I need to go to the bathroom.**
잠깐만 기다려 줘. 내가 지금 화장실이 정말 급해.

● **Sorry, this will only take a few seconds, but Lucy is on the phone.**
죄송합니다. 잠깐이면 될 거예요. 루시에게서 전화가 왔어요.

● **Bear with me. I'm almost finished.**
잠시만 기다려 주세요. 거의 다 했습니다.

Step 2 입으로 말하기

3초 안에 영어로 나오지 않는다면 다시 STEP 1으로 돌아가 연습합니다.

◉ 잠깐만 기다려 줘. 내가 지금 화장실이 정말 급해.

◉ 죄송합니다, 잠깐이면 될 거예요, 루시에게서 전화가 왔어요.

◉ 잠시만 기다려 주세요. 거의 다 했습니다.

 Step 3 실전 대화에서 연습하기

학습한 문장을 활용해 실전 대화 연습을 해 봅시다.

A Hi, my name's Jessica. I'm the new worker. I'm really sorry, but can you help me?

B Hey, Jessica. Please hold on. I'll be with you soon.

A 안녕하세요. 저는 제시카입니다. 신입 사원이에요. 정말 죄송한데, 저 좀 도와주실 수 있나요?
B 안녕하세요. 제시카 씨. 잠시만 기다려 주세요. 곧 도와 드릴게요.

A I'm sorry to interrupt your meeting, but this will only take a few seconds. The CEO wants to talk to you.

B Okay. Sorry everyone, I won't be long.

A 회의를 방해하게 되어 죄송하지만, 잠깐이면 돼요. 사장님께서 당신과 이야기하고 싶어 하세요.
B 네 알겠어요. 여러분 죄송해요. 오래 안 걸릴 거예요.

A Hey, Ben. Did you find that document I asked for?

B Bear with me. I think I just found it. It was buried under all these other documents.

A 안녕하세요. 벤 씨. 제가 요청한 서류는 찾으셨나요?
B 잠깐만 기다려 주세요. 방금 찾은 것 같아요. 여기 다른 서류들 맨 밑에 묻혀 있더라고요.

'스몰 토크'에서 가볍게
대화를 시작할 땐 이렇게 말해 봐!

<u>1</u> **What's going on? / What's up?** 잘 지냈어? / 별일 없니?

<u>2</u> **How has your day been so far?** 오늘 하루 어땠어?

<u>3</u> **I really like your shirt.**
Where did you get it? /
Did you get a haircut?
네 셔츠 정말 마음에 들어. 어디서 샀어? / 머리 잘랐어?

Native's TIP!

What's going on?, What's up?, How has your day been so far?와 같은 표현을 사용해 안부를 물으며 스몰 토크를 시작할 수 있습니다. 그중 What' up?은 격식이 있는 자리에서보다 친구 사이에서 안부를 묻는 표현으로, 격식이 있는 자리에서 쓰일 경우에는 '무슨 일인가요?'라는 의미로 다르게 해석될 수 있으니 이 점 주의하세요. 만약 직장 동료와 엘리베이터 안이나 휴게실에서 만났다면, How has your day been so far?라고 물어보는 게 적절합니다. 마지막으로, 외국은 상대의 옷이나 헤어스타일을 언급하는 경우가 많은데요. 이때, 외모에 대한 칭찬보다는 상대가 착용하거나 가지고 있는 물건 등에 대해서만 칭찬한다는 점에 주의하세요!

Step 1 문장 익히기

10번 반복해서 큰 소리로 읽어보며 내 것으로 만듭니다.

● **Hey, Claire! What's going on? You look happy today.**
안녕, 클레어! 잘 지냈어? 오늘 행복해 보인다.

● **Good afternoon, Max. How has your day been so far?**
즐거운 오후예요, 맥스 씨. 오늘 하루 어땠어요?

● **Hi, June. I really like your shirt. Where did you get it?**
I'd love to buy a shirt like that.
안녕, 준. 네 셔츠 정말 마음에 들어. 어디서 샀어? 나도 그런 셔츠 사고 싶어.

Step 2 입으로 말하기

3초 안에 영어로 나오지 않는다면 다시 STEP 1으로 돌아가 연습합니다.

● 안녕, 클레어! 잘 지냈어? 오늘 행복해 보인다.

● 즐거운 오후예요, 맥스 씨. 오늘 하루 어땠어요?

● 안녕, 준. 네 셔츠 정말 마음에 들어. 어디서 샀어? 나도 그런 셔츠 사고 싶어.

Step 3 실전 대화에서 연습하기

학습한 문장을 활용해 실전 대화 연습을 해 봅시다.

A What's going on, Jenny?

B Not too much. I'm finishing off my assignment. How's your day been so far?

A Same old same old. Did you get a haircut? It looks great!
     ↳ same old, same old: 늘 똑같다

B Thanks. Yeah, I got a trim and color.

A 잘 지냈어, 제니?

B 별거 없었어. 지금 과제를 마무리하고 있었어. 넌 오늘 하루 어땠어?

A 늘 똑같지 뭐. 너 머리 잘랐어? 너무 멋지다!

B 고마워. 응, 머리 좀 다듬고 염색했어.

'레스토랑에서' 주문하고
계산할 땐 이 표현들만 기억해!

1 **Can I have the tomato pasta, please? /**
I will have the tomato pasta, please. 토마토 파스타 하나 주세요.

2 **Could you bring us another plate, please? /**
Could I get a refill?
접시를 하나 더 가져다주시겠어요? / (음료) 리필 가능할까요?

3 **Can I get the bill, please? /**
Check, please. 계산서 좀 주시겠어요?

Native's TIP!

식당에서 주문을 하거나 요청 사항을 말할 때 사용하는 표현을 알아봅시다. 보통 '~주세요'라고 말할 때, Can I have ~, please? 또는 I will have ~, please.라고 합니다. 또 먹다가 필요한 것이 있을 땐 Could you bring us ~, please?라고 말하며, 음료 리필이 필요할 땐 Could I get a refill?이라고 간단히 말하면 됩니다. 식사가 마무리된 후에는 Can I get the bill, please? 또는 간단하게 Check, please.라고 말한 후, 카운터로 가서 계산을 합니다.

Step 1 문장 익히기

10번 반복해서 큰 소리로 읽어보며 내 것으로 만듭니다.

● **I will have the T-bone, please. Rare, with mushroom**
sauce. 티본 스테이크 하나 주세요. 굽기는 레어로 해 주시고, 버섯 소스도 함께 주세요.

● **Could you bring us another plate, please? And could**
I get a refill as well?
접시 하나 더 가져다주실 수 있을까요? 그리고 음료 리필도 가능할까요?

● **Excuse me, can I get the bill, please?**
저기요, 계산서 좀 주시겠어요?

Step 2 입으로 말하기

3초 안에 영어로 나오지 않는다면 다시 STEP 1으로 돌아가 연습합니다.

● 티본 스테이크 하나 주세요. 굽기는 레어로 해 주시고, 버섯 소스도 함께 주세요.

● 접시 하나 더 가져다주실 수 있을까요? 그리고 음료 리필도 가능할까요?

● 저기요, 계산서 좀 주시겠어요?

Step 3 실전 대화에서 연습하기

학습한 문장을 활용해 실전 대화 연습을 해 봅시다.

A Good evening, sir. May I take your order?

B Yes, I will have the fish of the day. It looks very good.

A Excellent choice. Anything else?

B Oh, and could you bring us another plate, please? I would like to share it with my friend.

A 안녕하세요, 손님. 주문 도와드릴까요?
B 네, 오늘의 특선 생선 요리로 주세요. 되게 맛있어 보이네요.
A 훌륭하신 선택이세요. 다른 거 더 필요하신 건 없으세요?
B 오, 그리고 접시 하나 더 가져다주실 수 있으세요? 제 친구와 함께 나눠 먹고 싶어서요.

A How was your meal?

B It was great. Oh, and can I get the bill, please? I'm in a hurry. Thank you.

A 식사는 어떠셨나요?
B 좋았습니다. 오, 그리고 계산서 좀 주시겠어요? 제가 좀 급히 가봐야 해서요. 감사합니다.

Speak Out!

((A. 한글의 의미에 맞게 큰 소리로 말해봅시다))

❶ 신세 졌어, 고마워.　　　　　　　　　　　　　　　Day 017

❷ 입이 심심해, 뭔가 씹고 싶다.　　　　　　　　　　Day 002

❸ 귀찮게 해서 죄송합니다만, …　　　　　　　　　　Day 005

❹ 전 아무래도 월요병이 있는 것 같아요.　　　　　Day 010

❺ 그녀는 나에게 있어 이 세상 전부나 마찬가지였어.　Day 004

❻ 당신이 있어서 정말 다행이에요.　　　　　　　　Day 003

❼ 하늘을 날 듯이 기뻐요.　　　　　　　　　　　　Day 007

❽ 너무 피곤해, 만신창이가 되었어.　　　　　　　　Day 001

❾ 좀 더 뜨겁게 해 주실 수 있나요?　　　　　　　Day 012

❿ 나 술기운이 약간 오르고 있어.　　　　　　　　Day 009

Answer ♥

❶ I owe you one.
❷ I've got the munchies.
❸ I'm sorry to bother you, but …
❹ I think I might have the Monday blues[Mondayitis].
❺ She meant the world to me.
❻ I'm lucky to have you.
❼ I'm over the moon.
❽ I'm wrecked.
❾ Can you make that extra hot, please?
❿ I'm getting tipsy.

A **Tell me what happened yesterday. You looked annoyed.**

어제 무슨 일이 있었는지 말해 봐. 너 짜증 나 보였어.

B **My computer kept crashing, so ❶** _____ !

컴퓨터가 계속 멈춰서 정말 미치는 줄 알았다니까!

A **Good morning, what can I get for you today?**

어서오세요, 오늘은 무엇으로 드릴까요?

B **Hi! ❷** _____ ?

안녕하세요! 플랫 화이트 작은 사이즈로 주세요.

A **❸** _____ **. Any good medicine for that?**

독감 때문에 힘들어요. 독감에 좋은 약이 있나요?

B **❹** _____ **. Here you are. Take these three times a day with food.**

잠시만 기다려 주세요. 자 여기요. 이것(이 약)을 하루에 세 번 식후에 드세요.

A **❺** _____ ?

오늘 하루 어땠어?

B **Well, same old same old.**

음, 늘 똑같지 뭐.

A **Good evening, ❻** _____ **. Enjoy!**

즐거운 저녁이네요. 이건 저희가 서비스로 드리는 거예요. 마음껏 즐기세요!

B **❼** _____ .

당신이 최고예요. 감사합니다.

Answer

❶ that really drove me mad[nuts]
❷ Can I get a small flat white, please
❸ I'm suffering from the flu
❹ Please hold on / Bear with me

❺ How has[How's] your day been so far
❻ this is on the house
❼ You're the best

Day
021~040

Speak Out!

'반려동물'과 관련해선
어떤 대화를 주고받을 수 있을까?

1 **I am a cat[dog] person. / I have[raise] a cat.**
저는 애묘인[애견인]입니다. / 저는 고양이를 키워요.

2 **My pet is house-trained.**
제 반려동물은 대소변을 가릴 줄 알아요.

3 **What breed is your dog[cat]?**
강아지[고양이] 종이 어떻게 되나요?

Native's TIP!

보통 '개를 키우다'라고 표현할 때 동사 have 또는 raise를 이용해서 I have[raise] a dog.라고 하는데요. cat person, dog person 등의 표현으로 '애묘인', '애견인'이라는 의미를 나타내기도 합니다. 대소변을 가린다고 말할 땐 '배변 훈련을 시키다'라는 의미의 동사 house-train을 써서 My pet is house-trained.라고 말할 수 있다는 것도 알아 두세요. 또, 어떤 종인지 물을 땐 '품종'을 뜻하는 단어 breed를 사용해, What breed is your dog[cat]?라고 표현할 수 있습니다.

🎲 Step 1 문장 익히기

10번 반복해서 큰 소리로 읽어보며 내 것으로 만듭니다.

● **I also love dogs, but I am more of a cat person.**
저도 개를 좋아하지만, 고양이를 더 좋아해요.

● **My dog is house-trained, but it took ages to teach her.**
저희 개는 대소변을 가릴 수 있는데, 가르치는 데 꽤 오래 걸렸어요.

● **What breed is your dog? It looks like a Siberian Husky.**
네 강아지는 무슨 품종이야? 시베리아 허스키 같기도 하고.

Step 2 입으로 말하기

3초 안에 영어로 나오지 않는다면 다시 STEP 1으로 돌아가 연습합니다.

저도 개를 좋아하지만, 고양이를 더 좋아해요.

저희 개는 대소변을 가릴 수 있는데, 가르치는 데 꽤 오래 걸렸어요.

네 강아지는 무슨 품종이야? 시베리아 허스키 같기도 하고.

Step 3 실전 대화에서 연습하기

학습한 문장을 활용해 실전 대화 연습을 해 봅시다.

> take it (that): (~라고) 믿다, 이해하다

A **What a cute dog! I take it that you're a dog person?**

B **Oh, thank you. I always had dogs growing up.**

A **We just got a new puppy. I have to house-train him.**

B **Aww, that's not easy. My dog is hyperactive.**

A **What breed is your dog?**

B **A beagle. He always wags his tail.**

A 개가 너무 귀엽네요! 개를 좋아하시나 봐요?
B 오, 감사해요. 제가 자라는 동안 늘 개를 키웠거든요.
A 저희도 이제 막 강아지를 새로 키우게 됐어요. 배변 훈련을 시켜야 해요.
B 아, 쉽지 않아요. 저희 개는 엄청 활동적이에요.
A 개의 품종이 어떻게 되나요?
B 비글이에요. 저희 개는 항상 꼬리를 흔든답니다.

원어민이 사용하는
'슬랭'에는 어떤 것들이 있을까?

1 **It's lit! / That's boss!**
대단해! / 정말 멋져!

2 **Do you have a beef with her?**
그녀한테 뭐 불만 있어?

3 **I'm hangry.**
배기 고피서 화나. / 배고파서 예민해.

Native's TIP!

요즘 원어민들이 가장 많이 쓰는 슬랭에 대해 한번 알아볼까요? 우선 우리가 자주 쓰는 '대박이다'라는 말은 That's lit[sick, rad, awesome, boss]! 등으로 다양하게 쓸 수 있습니다. lit은 '불을 붙이다'라는 의미의 동사 light의 과거분사형이지만 요새는 '대박인'이라는 의미로도 쓰인다는 것을 알아 두세요. 또 재밌는 표현 중 하나는 have a beef인데요, beef라는 단어 자체는 원래 '고기'를 의미하지만 여기서는 '불만, 불평'을 뜻합니다. 따라서 '~에게 불만이 있다'라고 표현할 때 have a beef with ~라고 말할 수 있습니다. 마지막으로 hangry라는 단어가 있는데요, 이 단어는 hungry와 angry라는 두 단어가 합성된 것으로 '배고파서 화난'이라는 의미를 가집니다.

🎲 **Step 1 문장 익히기**

10번 반복해서 큰 소리로 읽어보며 내 것으로 만듭니다.

_{n. (복수형으로) 신발}

● **Ooh, those kicks are boss. Where did you get them?**
이야, 신발 아주 멋진데. 어디서 샀어?

● **Do you have a beef with me or something? Suddenly you started acting so weird to me. Talk to me.**
나한테 뭐 화난 거 있어? 너 나한테 갑자기 이상하게 굴기 시작했어. 얘기 좀 해 줘.

● **Don't talk to me until I get something in my stomach! I'm hangry!** 나 뭐 먹기 전까지 말 걸지 말아줘! 나 배고파서 화난 상태야!

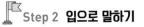
Step 2 입으로 말하기

3초 안에 영어로 나오지 않는다면 다시 STEP 1으로 돌아가 연습합니다.

이야, 신발 아주 멋진데. 어디서 샀어?

나한테 뭐 화난 거 있어? 너 나한테 갑자기 이상하게 굴기 시작했어. 얘기 좀 해 줘.

나 뭐 먹기 전까지 말 걸지 말아줘! 나 배고파서 화난 상태야!

Step 3 실전 대화에서 연습하기

학습한 문장을 활용해 실전 대화 연습을 해 봅시다.

A That party was lit last night. I'm so glad you dragged me there. But I have a killer hangover.

B You don't remember anything, do you? You started to have a beef with one of the people at the party.

A Are you serious? That doesn't sound like me.

B Well, you were pretty drunk and hangry at that time. So you were quite aggressive last night.

A 어젯밤 파티 정말 굉장했어. 거기에 날 데리고 가 줘서 너무 고마워. 근데 나 숙취 때문에 죽겠어.
B 너 아무것도 기억 안 나는구나? 너 파티에서 어떤 사람이랑 시비 붙었잖아.
A 진짜야? 나답지 않은 행동인데.
B 음, 그 당시에 너 꽤 취한 데다가 배고파서 화난 상태였어. 그래서 어젯밤에 꽤나 공격적이었지.

'이 옷 정말 찰떡이다'라고 칭찬하며 말을 붙여보고 싶다면?

<u>1</u> **No one can pull that shirt off like James does.**
저 셔츠를 제임스처럼 저렇게 잘 소화하는 사람은 없을 거야.

<u>2</u> **This dress looks good on you.**
이 드레스 너한테 되게 잘 어울린다.

<u>3</u> **Your outfit looks so chic today.**
오늘 의상 되게 세련돼 보여.

Native's TIP!

pull ~ off는 보통 '~을 해내다'라는 의미로 쓰이는데요. 옷에 대해 이야기할 경우, '옷을 잘 소화하다, 옷이 잘 어울린다'라는 의미가 됩니다. 두 번째 문장의 look good on ~은 '~에게 잘 어울린다'라는 의미로, 가장 흔히 쓰이는 표현입니다. 마지막으로, 옷을 멋지게 잘 소화하는 사람에게 동사 look을 사용하여 look chic이라고 표현합니다. 이때, chic은 [취크]가 아니라 [쉬크]라고 발음한다는 것을 기억하세요.

🎲 Step 1 문장 익히기

10번 반복해서 큰 소리로 읽어보며 내 것으로 만듭니다.

● **No one can pull that dress off like she does. She looks amazing!**
저 드레스를 그녀처럼 잘 소화하는 사람은 없을 거야. 그녀는 정말 멋져 보여!

● **This jacket looks good on you. Where did you get it?**
이 재킷 너한테 정말 잘 어울린다. 어디서 샀어?

● **Your outfit looks chic today. You always know how to match clothes well.**
오늘 의상 되게 세련돼 보여. 넌 항상 옷을 어떻게 잘 매치해야 하는지를 알아.

3초 안에 영어로 나오지 않는다면 다시 STEP 1으로 돌아가 연습합니다.

저 드레스를 그녀처럼 잘 소화하는 사람은 없을 거야. 그녀는 정말 멋져 보여!

이 재킷 너한테 정말 잘 어울린다. 어디서 샀어?

오늘 의상 되게 세련돼 보여. 넌 항상 옷을 어떻게 잘 매치해야 하는지를 알아.

 Step 3 실전 대화에서 연습하기

학습한 문장을 활용해 실전 대화 연습을 해 봅시다.

A Many people can pull off green, but no one can pull off green like Jane.

B You're right. The color green always looks good on her.

A Well, she studied fashion in university, so that might have helped her find the perfect color for herself.

B Ah, that's why everything looks so chic on her.

A 많은 사람들이 초록색을 잘 소화하긴 하지만, 제인처럼 잘 소화하는 사람은 없을 거야.
B 맞아. 초록색이 언제나 그녀에게 굉장히 잘 어울리긴 해.
A 음, 그녀가 대학에서 패션 전공을 한 게 그녀에게 가장 잘 어울리는 색을 찾도록 도와준 게 아닐까 싶어.
B 아, 그래서 걔가 입는 옷 전부 다 세련돼 보이는 거구나.

'옷 가게에서' 옷을 살 때 쓸 수 있는 표현들을 알아볼까?

1. **I'm just looking around. / I'm just browsing.**
   전 그냥 구경하고 있어요.

2. **Do you have this in a smaller[larger] size?**
   이 제품 더 작은[더 큰] 사이즈로 있나요?

3. **Can[May] I try this on?**
   이거 입어봐도 될까요?

Native's TIP!

옷 가게에서 쇼핑할 때는 우선 들어가서 Hi, how are you? 등의 간단한 안부 인사를 하고 둘러보면 됩니다. 그냥 구경만 할 때는 I'm just looking around. 또는 '둘러보다'라는 의미의 동사 browse를 사용해 I'm just browsing.이라고 표현할 수 있습니다. 사이즈를 요청할 땐 Do you have ~ in a smaller[larger] size?처럼 비교급 표현을 사용하고, 입어봐도 되는지 물을 땐 Can[May] I try this on?을 사용한다는 것도 기억하세요.

🎲 Step 1 문장 익히기

10번 반복해서 큰 소리로 읽어보며 내 것으로 만듭니다.

● **No thanks, I'm just browsing.**
괜찮아요. 그냥 둘러보는 중이에요.

● **Excuse me, do you have this in a larger size? It's too tight.**
저기요. 혹시 이 제품 더 큰 사이즈로 있나요? 이거 너무 꽉 끼네요.

● **Can I try this on? Where are your fitting rooms?**
이거 입어봐도 될까요? 탈의실이 어딘가요?

3초 안에 영어로 나오지 않는다면 다시 STEP 1으로 돌아가 연습합니다.

괜찮아요, 그냥 둘러보는 중이에요.

저기요, 혹시 이 제품 더 큰 사이즈로 있나요? 이거 너무 꽉 끼네요.

이거 입어봐도 될까요? 탈의실이 어딘가요?

 Step 3 실전 대화에서 연습하기

학습한 문장을 활용해 실전 대화 연습을 해 봅시다.

A Are you looking for anything in particular?

B I'm just looking around. Wait, this T-shirt looks great. Can I try this on?

A Sure, the fitting rooms are at the back of the store. Help yourself.

B Hi, again. This is a little small. Do you have this in a larger size?

A Sure, I will get you one size up.

B Thanks a lot. This is much better. I'll take this one.

A 특별히 찾으시는 거 있나요?
B 그냥 둘러보고 있어요. 아 잠깐만요, 이 티셔츠 좋아 보이네요. 이거 입어봐도 되나요?
A 물론이죠. 탈의실은 상점 뒤쪽에 있어요. 편히 입어보세요.
B 저기요, 이건 약간 작네요. 더 큰 사이즈 있나요?
A 네, 한 치수 더 큰 걸로 가져다드릴게요.
B 감사합니다. 이게 훨씬 낫네요. 이걸로 살게요.

'사기 당했을 때' 당황하지 말고 이렇게 말해 봐!

1 **I've been pickpocketed.**
나 소매치기를 당했어.

2 **I got scammed.**
나 (신용) 사기 당했어.

3 **I was overcharged.**
나한테 바가지 씌웠어.

Native's TIP!

　　pickpocket은 '소매치기' 또는 '소매치기꾼'을 뜻합니다. 동사로 쓰일 때는 보통 당하는 입장으로, 수동형인 be pickpocketed를 사용하여 '소매치기 당하다'라고 표현할 수 있습니다. scam은 명사로는 '신용 사기', 동사로는 '사기를 치다'라는 의미로 be[get] scammed라고 하면 '사기를 당하다'라는 뜻입니다. 보이스 피싱도 scam이라는 단어를 이용해서 phone scam이라고 표현한다는 것을 기억하세요. 마지막으로, overcharge는 '(비용을) 청구하다'라는 의미의 charge 앞에 over가 붙어서 '과도하게 청구하다', 즉 '바가지를 씌우다'라는 의미를 나타냅니다.

🎲 Step 1 문장 익히기

10번 반복해서 큰 소리로 읽어보며 내 것으로 만듭니다.

● **Help me! I've been pickpocketed.**
도와주세요! 소매치기를 당했어요.

● **My friend was scammed in Italy.**
제 친구가 이탈리아에서 사기를 당했어요.

● **Some taxis in Southeast Asia overcharge you.**
동남아에서 어떤 택시 기사들은 바가지를 씌워요.

Step 2 입으로 말하기

3초 안에 영어로 나오지 않는다면 다시 STEP 1으로 돌아가 연습합니다.

도와주세요! 소매치기를 당했어요.

제 친구가 이탈리아에서 사기를 당했어요.

동남아에서 어떤 택시 기사들은 바가지를 씌워요.

Step 3 실전 대화에서 연습하기

학습한 문장을 활용해 실전 대화 연습을 해 봅시다.

A I had a terrible holiday. When I landed, I took a taxi and he overcharged me.

B You have to be careful.

A I know. Also, when someone took a picture for me, he asked me for money.

B No way! You were scammed as well!

A Not only that, I was pickpocketed while looking around the city.

A 나 최악의 휴가를 보냈어. 도착해서, 택시를 탔는데 기사 아저씨가 내게 바가지를 씌웠어.
B 조심해야 해.
A 나도 알아. 그리고 또, 어떤 사람이 내게 사진을 찍어주고는, 돈을 내라고 했어.
B 설마! 너 사기까지 당했구나!
A 그것뿐만 아니라, 도시를 관광하는 동안 소매치기도 당했어.

'소셜 미디어' 상에서 흔히 쓰이는 표현들을 알아볼까?

1 **What is your social media account?
I'll follow you!**
당신의 SNS 계정은 뭐예요? 친구 추가하고 싶어요!

2 **I uploaded a picture on social media
10 minutes ago, and it already has 100 Likes.**
내가 10분 전에 SNS에 사진을 올렸는데, 벌써 '좋아요'가 100개나 돼.

3 **I just subscribed to his channel. He is so funny.**
방금 막 그 사람의 채널을 구독했어요. 그는 너무 웃겨요.

Native's TIP!

　　　SNS(Social Networking Service)에서 친구를 맺고 싶다면 '친구 추가를 하다'라는 표현인 follow나 add를 사용하여 Can I follow[add] you?, 즉 '친구 추가해도 돼?'라고 물으면 됩니다. SNS에 사진을 올릴 땐 post 또는 upload를 이용해서 I posted[uploaded] a selfie on Instagram.이라고 하면 '인스타그램에 셀카를 올렸어'라고 표현할 수 있습니다. 최근엔 개인 유튜브 채널 활동이 활발히 이뤄지고 있으니 재미있는 채널을 구독해(subscribe) 보는 것도 괜찮겠죠?

🎲 Step 1 문장 익히기

10번 반복해서 큰 소리로 읽어보며 내 것으로 만듭니다.

● **I just followed you on Facebook, so make sure you accept.**
방금 제가 당신을 페이스북 친구로 추가했어요, 그러니 꼭 수락해 주세요.

● **I uploaded a photo of us last night. Can I tag you?**
어젯밤 우리가 찍었던 사진을 올렸어. 너를 태그해도 될까?

● **I've subscribed to a lot of language learning channels.**
난 언어 학습 채널을 많이 구독했어.

Step 2 입으로 말하기

3초 안에 영어로 나오지 않는다면 다시 STEP 1으로 돌아가 연습합니다.

방금 제가 당신을 페이스북 친구로 추가했어요, 그러니 꼭 수락해 주세요.

어젯밤 우리가 찍었던 사진을 올렸어. 너를 태그해도 될까?

난 언어 학습 채널을 많이 구독했어.

Step 3 실전 대화에서 연습하기

학습한 문장을 활용해 실전 대화 연습을 해 봅시다.

A Do you have Instagram? I want to follow your account.

B Yeah, sure. Add me, and I will follow you back.

A Okay, I'll upload the photo we took today. Can I tag you?

B No problem, but if it's an ugly photo, I will block you. Just kidding.

A Haha, I'll make sure I won't! You can trust me. Anyway, have you subscribed to Linda's channel?

B Yeah, it's so funny!

A 너 인스타그램 해? 네 계정을 팔로우하고 싶은데.
B 응, 하지. 팔로우해 줘, 그럼 나도 팔로우할게.
A 알았어, 나 오늘 우리가 찍었던 사진을 올릴 거야. 너 태그해도 돼?
B 괜찮은데, 못생긴 사진 올리면, 차단할 거야. 장난이야.
A 하하, 절대 그럴 리 없을 거야! 나 믿어도 돼. 그건 그렇고, 너 린다의 채널은 구독했어?
B 응, 그거 진짜 재밌어!

'매일 아침 반복되는 일상'에 대해 말할 땐 어떤 표현을 쓸까?

1 I jump out of bed at 7 a.m.
난 오전 7시에 일어나.

2 I usually get ready for school[work] at 8 a.m.
난 주로 오전 8시에 학교[회사] 갈 준비를 해.

3 I'm out the door by 8:30 a.m.
난 오전 8시 30분에 집에서 나가.

Native's TIP!

'일어나다'라는 표현은 영어로 jump[get] out of bed, 즉 '침대 밖으로 나오다'라고 표현할 수 있습니다. 반대로 jump into bed라고 하면 '침대로 뛰어들다'라는 뜻이니 '자러 간다'라는 표현이 되겠죠? 다음으로, 잠자리에서 일어난 후에는 씻고 학교나 회사에 갈 준비를 하는데요. 이때 '~에 갈 준비를 하다'라는 의미로 get ready for ~를 쓸 수 있습니다. 준비를 다 마친 후, '집을 나서다'라고 할 때는 어떻게 말할까요? 이럴 땐 be out the door라는 표현을 활용하여 말할 수 있으니 기억해 두세요.

🎲 Step 1 문장 익히기

10번 반복해서 큰 소리로 읽어보며 내 것으로 만듭니다.

● I usually jump out of bed around 7 a.m.
보통 저는 오전 7시쯤 일어나요.

● I know it's way too early, but I usually get ready for school at 6 a.m.
너무 이르다는 건 아는데, 전 보통 오전 6시에 학교 갈 준비를 해요.

● I've got to be out the door by eight-thirty.
8시 30분에는 집에서 나가야 해요.

Step 2 입으로 말하기

3초 안에 영어로 나오지 않는다면 다시 STEP 1으로 돌아가 연습합니다.

보통 저는 오전 7시쯤 일어나요.

너무 이르다는 건 아는데, 전 보통 오전 6시에 학교 갈 준비를 해요.

8시 30분에는 집에서 나가야 해요.

Step 3 실전 대화에서 연습하기

학습한 문장을 활용해 실전 대화 연습을 해 봅시다.

A I woke up late today, but I managed to get here on time.

B What time do you usually wake up?

A I usually jump out of bed at 7 a.m. It only takes me about 20 minutes to get ready for work.

B What time do you have to be out the door?

A I'm usually out the door by 7:30, at the latest. How about you?

B I usually get ready for work at a quarter to seven. Seven o'clock if I feel lazy.

A 오늘 늦게 일어났는데, 여기에 간신히 제시간에 도착했어.
B 평소에 몇 시에 일어나?
A 보통 오전 7시에 일어나. 출근 준비하는 데 20분 정도밖에 안 걸려.
B 몇 시에 집에서 출발해야 해?
A 늦어도 주로 7시 30분에는 출발해. 너는?
B 난 보통 6시 45분에 출근 준비해. 좀 늘어지는 기분이 들면 7시에.

'저녁 일과'를 설명하는
간단한 표현들에 대해 알아볼까?

1 **I will get off work at 5 today. Do you want to grab a bite afterwards?** 나 오늘 5시에 퇴근할 거야. 그 이후에 뭐 간단히 먹을래?

2 **When I get home, I just want to chill out and watch TV.** 집에 가면, 그냥 쉬면서 텔레비전을 보고 싶어요.

3 **I usually hit the hay around 11 p.m.**
저는 보통 오후 11시쯤에 자요.

Native's TIP!

'퇴근하다'라는 말은 get off work 또는 leave work라고 표현합니다. 퇴근 후 동료 또는 친구에게 간단히 뭐 좀 먹고 가자고 할 땐 동사 grab을 사용하여 grab a beer[coffee/drink/bite (to eat)]라고 합니다. 바깥 활동을 모두 마치고 집에 가서 휴식을 취할 땐 chill out이나 kick one's feet up이라고 하는데요. 발을 어딘가에 올려두면서 쉬는 모습을 상상해 보면 이해가 쉬울 것입니다. 모든 일과를 마친 후에 '잠을 자다'라고 할 땐 우리가 보통 아는 go to sleep 이외에 hit the hay[sack]라고도 표현할 수 있습니다. 예전에 제대로 잘 만한 곳이 없던 시절에 큰 자루(sack)에 건초더미(hay)를 넣어서 자던 것에서 유래된 표현이라고 하니 함께 알아두면 좋겠습니다.

Step 1 문장 익히기

10번 반복해서 큰 소리로 읽어보며 내 것으로 만듭니다.

● **I will get off work at 7 p.m. Do you want to grab a bite?**
나 오후 7시에 퇴근할 거야. 뭐 간단히 먹을래?

● **I don't want to do anything except chill out after work.**
퇴근 후에는 쉬는 것 말고는 아무것도 하고 싶지 않아.

● **I hit the hay around 9 p.m. every night. I always have to get up early for work.**
나는 매일 밤 9시쯤에 잠을 자. 회사 때문에 항상 일찍 일어나야 하거든.

Step 2 입으로 말하기

3초 안에 영어로 나오지 않는다면 다시 STEP 1으로 돌아가 연습합니다.

나 오후 7시에 퇴근할 거야. 뭐 간단히 먹을래?

퇴근 후에는 쉬는 것 말고는 아무것도 하고 싶지 않아.

나는 매일 밤 9시쯤에 잠을 자. 회사 때문에 항상 일찍 일어나야 하거든.

Step 3 실전 대화에서 연습하기

학습한 문장을 활용해 실전 대화 연습을 해 봅시다.

A Hey love, I am getting off work soon, but I'm going to grab a bite with a colleague.

B Okay, I'm just chilling out now. What time do you think you will get home?

A Maybe around 10 p.m. But I might be late, so don't wait up.

B Yeah, I might hit the hay soon. I'm pretty tired.

A Alright. Good night!

A 여보, 나 곧 퇴근할 건데, 동료랑 뭐 간단히 먹고 갈게.
B 알았어. 난 지금 쉬고 있어. 몇 시쯤 집에 올 거야?
A 아마 오후 10시쯤 갈 거야. 근데 늦을 수도 있으니까, 기다리지 마.
B 응, 나 곧 잠들지도 몰라. 지금 너무 피곤하거든.
A 알겠어. 잘 자!

'친구와 약속 잡을 때' 간단히 말할 수 있는 방법이 없을까?

1 **Are you down[up] for it?**
너 그거 할래?

2 **Let's grab a bite[drink/coffee].**
뭐 먹으러 가자. / 술[커피] 마시러 가자.

↪ *catch up*: 오랜만에 만나서 못다 한 이야기를 나누다

3 **Are you free to catch up this weekend?**
이번 주말에 그동안 밀린 이야기를 할 시간 돼?

Native's TIP!

　　'시간이 되는지' 묻거나 '~을 하러 가자' 혹은 '~을 먹으러 가자'라고 할 때는 Are you down[up] for ~라는 표현을 사용해서 '~ 할래?'라고 말하곤 합니다. be down[up] for는 '~하고 싶어 하다'라는 의미입니다. 그래서 보통 '하겠다'라고 답변하려면 Yes, I'm up for it. 또는 I'm down.이라고 말하면 됩니다. 또, '뭐 간단히 먹으러 가자', '마시러 가자'라고 할 때는 동사 grab을 이용하여 Let's grab a bite[drink/coffee].로 표현할 수 있습니다. '~할 시간 돼?'라고 물을 땐 Are you free to ~?라고 말할 수 있다는 점도 함께 알아 두세요.

🎲 Step 1 문장 익히기

　　10번 반복해서 큰 소리로 읽어보며 내 것으로 만듭니다.

● **Are you down for a movie after work?**
일 끝나고 영화 볼래?

● **I'm hungry. Let's grab a bite to eat.**
나 배고파. 뭐 간단히 먹으러 가자.

● **Hey, we have a lot of catching up to do. Are you free to catch up this weekend?**
친구야, 우리 할 이야기 진짜 많다. 이번 주말에 그동안 밀린 이야기 나눌 시간 있어?

Step 2 입으로 말하기

3초 안에 영어로 나오지 않는다면 다시 STEP 1으로 돌아가 연습합니다.

일 끝나고 영화 볼래?

나 배고파. 뭐 간단히 먹으러 가자.

친구야, 우리 할 이야기 진짜 많다. 이번 주말에 그동안 밀린 이야기 나눌 시간 있어?

Step 3 실전 대화에서 연습하기

학습한 문장을 활용해 실전 대화 연습을 해 봅시다.

A Hey, are you free to catch up this weekend?

B Yeah sure, what do you want to do? Let's grab a drink or something.

A There is a new movie out. Are you down for a horror movie?

B Yeah, I'm down.

A 안녕. 너 이번 주말에 그동안 못 했던 거 할 시간 있어?
B 응 괜찮아. 뭐 하고 싶은 거 있어? 술이나 한잔하러 가자.
A 영화 새로 개봉했던데. 공포 영화 볼래?
B 응, 좋아.

'운동 관련 표현'으로
exercise밖에 생각이 안 난다면?

1 **I worked out my back and biceps today.**
오늘은 등이랑 이두박근 운동을 집중적으로 했어.

2 **I did some cardio, mainly running on the treadmill.**
주로 러닝머신 위를 달리면서 유산소 운동을 했어.

3 **I want to be toned, but not ripped.**
난 막 근육질이 되고 싶진 않아, 탄력 있어 보이고 싶어.

Native's TIP!

　'운동하다'는 work out으로, 「work out + 신체 부분」이라고 하면 '그 부분을 집중적으로 운동하다'라는 표현이 됩니다. 그리고 '유산소 운동을 하다'는 '심장 강화 운동'이라는 의미의 명사 cardio를 사용해서 do some cardio라고 하고, 반대로 '근력 운동을 하다'는 do some weights라고 합니다. weight는 명사로 '무게, 체중'이라는 의미인데 '역기, 웨이트'라는 의미도 있으니 알아 두세요. 마지막으로, 운동한 근육질의 몸은 '탄력 있는'이란 뜻의 toned와 '근육이 울퉁불퉁한'이란 뜻의 ripped를 사용하여 be[look] toned, be[look] ripped라고 표현할 수 있습니다.

Step 1 문장 익히기

10번 반복해서 큰 소리로 읽어보며 내 것으로 만듭니다.

● **Today I worked out my arms.**
오늘은 팔 운동을 집중적으로 했어요.

● **Today I did some cardio and afterward some weights.**
오늘은 유산소 운동을 한 다음에 근력 운동을 했어요.

● **It takes a lot of motivation and diligence to be ripped and toned.**
울퉁불퉁하고 탄력 있는 근육질의 몸이 되기 위해서는 많은 동기 부여와 근면함이 필요해.

Step 2 입으로 말하기

3초 안에 영어로 나오지 않는다면 다시 STEP 1으로 돌아가 연습합니다.

오늘은 팔 운동을 집중적으로 했어요.

오늘은 유산소 운동을 한 다음에 근력 운동을 했어요.

울퉁불퉁하고 탄력 있는 근육질의 몸이 되기 위해서는 많은 동기 부여와 근면함이 필요해.

Step 3 실전 대화에서 연습하기

학습한 문장을 활용해 실전 대화 연습을 해 봅시다.

A I'm so tired! I worked out my legs today.

B What else did you do?

A First, I did cardio for 1 hour, and then I did weights for another hour.

B You're so motivated! I used to look ripped and toned. Now I look flabby and soft.

A 너무 피곤해! 오늘은 다리 운동을 집중적으로 했어.
B 또 뭐 했어?
A 먼저, 1시간 유산소 운동을 하고 나서, 1시간 더 근력 운동을 했어.
B 의욕이 넘치는구나! 나도 전에는 근육질에다가 탄력이 있었어. 지금은 축 늘어지고 약해 보여.

'집안일'로 하루 일과를 설명할 땐 이렇게 말해 봐!

1 **I vacuum my house once a week. Is that enough?**
난 일주일에 한 번 청소기로 집 청소를 해. 그 정도면 충분하지?

2 **I just have to do the laundry, hang the laundry, iron my shirts and fold my clothes.**
나는 빨래를 하고, 빨래 널고, 셔츠를 다리고, 내 옷들도 개야 해.

3 **Once you've cleaned up your room, then you can play video games.**
네가 방 청소를 다 하고 나면, 비디오 게임을 할 수 있어.

Native's TIP!

대표적인 집안일에 대한 표현으로는 dust the furniture '가구의 먼지를 털다', vacuum '진공청소기를 돌리다', sweep the floor '바닥을 쓸다', mop '물걸레질을 하다' 등이 있습니다. 빨래와 관련된 표현들로는 do the laundry '빨래를 하다', hang the laundry '빨래를 널다'가 있고, 다 마른 옷을 다림질할 때는 iron the clothes, 다 마른 옷을 갤 때는 fold the clothes라고 합니다. 마지막으로 '방 청소를 하다'라고 할 때는 clean[tidy] up the room이라고 표현합니다. 이때, 침실은 보통 자신의 방을 가리키므로 소유격을 써서 clean (up) my bedroom으로 더 자주 쓰이니 유의하세요!

🎲 Step 1 문장 익히기

10번 반복해서 큰 소리로 읽어보며 내 것으로 만듭니다.

● **I don't own a vacuum cleaner, so I have to sweep my house.** 나는 청소기가 없어서, 빗자루로 집을 쓸어야 해.

● **I rarely use the clothes dryer. I prefer to hang the laundry, because it saves money.**
나는 건조기를 거의 안 써. 빨래 너는 것이 더 좋아. 왜냐하면 돈을 절약할 수 있거든.

● **Let's take turns cleaning up our bedroom.**
우리 침실 청소 돌아가면서 하자.

Step 2 입으로 말하기

3초 안에 영어로 나오지 않는다면 다시 STEP 1으로 돌아가 연습합니다.

나는 청소기가 없어서, 빗자루로 집을 쓸어야 해.

나는 건조기를 거의 안 써. 빨래 너는 것이 더 좋아, 왜냐하면 돈을 절약할 수 있거든.

우리 침실 청소 돌아가면서 하자.

Step 3 실전 대화에서 연습하기

학습한 문장을 활용해 실전 대화 연습을 해 봅시다.

A Make sure to vacuum under your bed when you clean your room.

B Okay. When you do the laundry, can you remember to separate the reds from the whites? Last time my white shirt turned pink.

A Oh, so sorry about that. I'll be more careful next time. Can you also mop the kitchen floor?

B Okay, but this week you have to clean the bathroom.

A Alright, deal.

A 네 방 청소할 때 침대 밑에도 청소기로 청소하는 걸 잊지 마.
B 알겠어. 너도 빨래할 때, 잊지 말고 빨간 옷과 하얀 옷을 구분해 주겠니? 지난번에 내 흰색 셔츠가 핑크색으로 물들었어.
A 오, 정말 미안해. 다음엔 더 조심할게. 부엌 바닥 걸레질도 해줄 수 있어?
B 응, 근데 이번 주는 네가 화장실 청소해야 해.
A 알겠어. 좋아.

'미용실에서' 원하는 스타일을
자신 있게 말하고 싶다면?

1 I would like to get a little bit off the top, please.
위에만 조금 잘라 주세요.

↱ n. 재성장 (머리 관련해서는 뿌리 쪽에 새로 자라난 머리를 가리킴)

2 My regrowth is coming back.
Can I get my roots dyed?
뿌리에 머리가 새로 자라고 있어요. 뿌리 염색할 수 있을까요?

3 I asked the hairdresser for a perm,
but I think it's too curly.
미용사에게 파마 해달라고 했는데, 너무 곱슬곱슬한 것 같아요.

Native's TIP!

　　미용실에 가서 머리를 잘라 달라고 할 때는 '제거'의 의미를 가진 off를 이용하여 trim off sides[back/front/top/split ends]라고 말하며 '옆[뒤/앞/위/끝에 갈라진 곳]을 다듬어주세요'라고 요청할 수 있습니다. 간단히 Just a little bit off the sides라고 해도 되며, 추가로 '머리숱을 친다'라고 할 때는 thin out one's hair라는 표현을 씁니다. '염색하다'는 dye one's hair, '뿌리 염색을 하다'는 dye one's roots 또는 get one's roots dyed라고 하면 됩니다. 마지막으로 '파마를 하다'라고 할 때는 get a perm, 곱슬머리를 펼 때는 straighten one's hair 또는 get a straight perm이라고 표현합니다.

🎲 Step 1 문장 익히기

10번 반복해서 큰 소리로 읽어보며 내 것으로 만듭니다.

● Hi, I want to get a little off the sides and back. How
much is that? 안녕하세요. 양옆이랑 뒷머리를 조금 자르고 싶은데요. 얼마인가요?

● My regrowth is growing back, so I need to get my
roots dyed again. 뿌리 쪽 머리가 다시 자라서, 뿌리 염색을 다시 해야 해요.

● I want a perm but not the real curly perm.
파마를 하고 싶은데 너무 곱슬곱슬한 파마는 말고요.

Step 2 입으로 말하기

3초 안에 영어로 나오지 않는다면 다시 STEP 1으로 돌아가 연습합니다.

안녕하세요, 양옆이랑 뒷머리를 조금 자르고 싶은데요. 얼마인가요?

뿌리 쪽 머리가 다시 자라서, 뿌리 염색을 다시 해야 해요.

파마를 하고 싶은데 너무 곱슬곱슬한 파마는 말고요.

Step 3 실전 대화에서 연습하기

학습한 문장을 활용해 실전 대화 연습을 해 봅시다.

A Hi, what would you like to do today?

B My regrowth is showing, so I would like to dye my roots.

A Sure, just back to brown?

B Yes, please. Also, just a little off the sides and back as well.

A Alright, anything else?

B I would like to get a straight perm because my hair is too curly.

A 안녕하세요, 오늘은 뭘 하고 싶으세요?
B 뿌리 쪽에 머리가 다시 자라서, 뿌리 염색을 하고 싶은데요.
A 네, 다시 갈색으로 해 드릴까요?
B 네, 그렇게 해주세요. 그리고 양옆이랑 뒷머리도 약간만 다듬어 주세요.
A 알겠습니다. 더 필요하신 것은 없으세요?
B 제 머리가 너무 곱슬머리여서 스트레이트 파마를 하고 싶어요.

'세탁소에서' 세탁이나 수선을 맡길 땐 어떤 표현을 쓸까?

1. **I've got a coffee stain on my shirt. / It's stained.**
   제 셔츠에 커피 얼룩이 있어요. / 얼룩이 생겼어요.

2. **Could you mend[fix] my clothes?**
   제 옷 좀 수선해 주시겠어요?

3. **I would like to get my clothes dry-cleaned[ironed/pressed].**
   제 옷 드라이클리닝[다림질] 좀 부탁드립니다.

Native's TIP!

음식물이 옷에 묻거나 와인이나 커피 같은 것을 흘려서 생긴 얼룩을 stain이라고 하며, '얼룩이 남다'라는 의미로 get[have] a stain이라고 표현할 수 있습니다. stain은 '얼룩지게 하다'라는 뜻의 동사로도 사용되어 It's stained.라고 간단히 말할 수 있습니다. 연필이나 펜 자국이 묻었을 때는 mark를 사용하여 pencil[pen] mark라고 쓴다는 것도 함께 알아 두세요. 또, 옷 수선을 맡길 때는 '고치다'라는 뜻의 동사 fix나 mend를 사용해서 표현할 수 있습니다. 마지막으로 드라이클리닝이나 다림질을 맡길 때는 get ~ dry-cleaned, get ~ ironed[pressed]를 이용하여 말할 수 있습니다.

🎲 Step 1 문장 익히기

10번 반복해서 큰 소리로 읽어보며 내 것으로 만듭니다.

● **I spilt some wine on my shirt, and now it's stained.**
셔츠에 와인을 엎질러서, 지금 얼룩이 져 있어요.

● **One of my buttons has fallen off. Could you please mend it?** 제 단추가 하나 떨어졌어요. 수선해 주실 수 있나요?

● **I would like to get these shirts pressed, thanks.**
이 셔츠들을 다림질해 주세요. 감사합니다.

Step 2 입으로 말하기

3초 안에 영어로 나오지 않는다면 다시 STEP 1으로 돌아가 연습합니다.

셔츠에 와인을 엎질러서, 지금 얼룩이 져 있어요.

제 단추가 하나 떨어졌어요. 수선해 주실 수 있나요?

이 셔츠들을 다림질해 주세요, 감사합니다.

Step 3 실전 대화에서 연습하기

학습한 문장을 활용해 실전 대화 연습을 해 봅시다.

A Hello, I would like to get these shirts dry-cleaned.

B Sure thing, how many shirts?

A There are 3 shirts, but this shirt has a wine stain, and this shirt has a button missing, so could you please mend it? Oh, and this shirt has a pen mark on it. I would like to get them all pressed as well.

B No problem. Just a moment, please.

A 안녕하세요, 이 셔츠들을 드라이클리닝 맡기고 싶어요.
B 네 알겠습니다. 셔츠가 몇 벌인가요?
A 셔츠 세 벌이에요. 근데 이 한 벌은 와인 얼룩이 있고, 이 한 벌은 단추가 하나 떨어졌는데, 수선해 주실 수 있나요? 아, 그리고 이 한 벌은 펜 자국이 있어요. 모두 다림질도 해 주세요.
B 네 알겠습니다. 잠시만 기다려 주세요.

'직장 동료나 친구'에 대해 설명할 때 이렇게 말해 봐!

1 I like Waldo. He is super hard-working.
저는 왈도가 좋아요. 그는 매우 성실해요.

2 Everyone hates a bossy boss.
누구든 권위적인 상사는 싫어해.

3 I wouldn't say I'm an extrovert or an introvert, but maybe an ambivert.
나는 외향석이거나 내향적인 사람이라기보다는 양향성의 사람인 것 같아.

Native's TIP!

성격 묘사 표현들에 대해 알아봅시다.

긍정적인 성격	hard-working 근면한, 부지런히 일하는 diligent 근면한, 성실한 eager 열성적인, 열심인 strong work ethic 강한 직업 윤리 의식 bubbly 항상 명랑하고 쾌활한 friendly 친절한 honest 정직한 gentle 온화한, 친절한
부정적인 성격	bossy 권위적인, 이래라저래라 시키는 back-stabber 뒤에서 배신하는 사람, 배신자 chatterbox 수다쟁이 bigmouth 입이 가벼운 사람, 허풍쟁이 brown nose 아부꾼 picky 까다로운 lazy 게으른 talkative 말이 많은 selfish 이기적인 moody 기분파인
외향&내향성	outgoing/extroverted 외향적인 introverted 내향적인 ambivert 양향성의 사람

Step 1 문장 익히기

10번 반복해서 큰 소리로 읽어보며 내 것으로 만듭니다.

- **Since he got married, he's turned into a hard-working guy.** 그는 결혼한 이후, 성실한 사람으로 변했어.

- **My sister is really bossy. I think it's because she is the eldest of the siblings.** 우리 언니는 엄청 이래라저래라 시키는 타입이야. 내 생각엔 우리 형제자매 중에 가장 나이가 많아서 그런 것 같아.

- **Many people know extroverted or introverted people, but I'm an ambivert.**
많은 사람들이 외향적인 사람이나 내향적인 사람에 대해서는 알고 있지만, 나는 양향성 사람이야.

Step 2 입으로 말하기

3초 안에 영어로 나오지 않는다면 다시 STEP 1으로 돌아가 연습합니다.

그는 결혼한 이후, 성실한 사람으로 변했어.

우리 언니는 엄청 이래라저래라 시키는 타입이야. 내 생각엔 우리 형제자매 중에 가장 나이가 많아서 그런 것 같아.

많은 사람들이 외향적인 사람이나 내향적인 사람에 대해서는 알고 있지만, 나는 양향성 사람이야.

Step 3 실전 대화에서 연습하기

학습한 문장을 활용해 실전 대화 연습을 해 봅시다.

A Hi, Liz! How do you find your new job? Tell me about your new colleagues.

B Well, there's Sunny, who is very hard-working and a little bit of an introvert. Oh, and Isabel, I need to watch out for her. She is bossy and a back-stabber. And Kyle, he is a chatterbox. He is super extroverted and will talk your ear off.

A Oh, there are so many personalities there. Luckily, you're an ambivert. You can deal with both kinds of people.

A 안녕, 리즈! 새 직장 어때? 새 직장 동료에 대해 이야기 좀 해줘.

B 음, 써니라고 있는데, 매우 근면 성실하고 약간 내성적인 성향을 가졌어. 오, 그리고 이사벨은 조심해야 해. 권위적이고 뒤통수치는 타입이거든. 그리고 카일은 수다쟁이야. 매우 외향적이고 귀가 떨어질 때까지 계속 이야기할 거야.

A 오, 다양한 성격을 가진 사람들이 많은가 보네. 다행히, 너는 양향성의 사람이잖아. 그런 타입의 사람들을 모두 다 상대할 수 있을 거야.

'외모'에 대해 설명할 때 pretty, tall 말고는 떠오르지 않는다면?

1 **Dan is so good-looking, and his wife is stunning.**
댄은 너무 잘생겼고, 댄의 아내는 정말 아름다워.

2 **I've been yo-yo dieting. One minute I'm slim, and the next minute I feel chubby.**
나는 요요가 와서 다시 다이어트 중이야. 잠깐 말랐다가, 금방 통통해진 느낌이야.

3 **I used to have thick hair when I was younger, but now it's really fine.**
나 어릴 때는 머리숱이 많았는데, 지금은 정말 가늘고 약해.

Native's TIP!

외모 관련 표현을 알아봅시다.

체형	skinny 깡마른 thin 마른 slim 날씬한 chubby 토실토실한 stout 통통한 fat 뚱뚱한 large 큰 overweight 과체중의
머리	straight hair 직모 thick hair 숱이 풍성한 머리 fine hair 두께나 모질이 가늘고 약한 모발
수염	moustache 아주 긴 콧수염 goatee (염소같이) 턱밑의 수염 beard 수염 sideburn 구레나룻
멋짐	good-looking 잘생긴 charming[gorgeous/stunning/breathtaking] 굉장히 멋진

🎲 Step 1 문장 익히기

10번 반복해서 큰 소리로 읽어보며 내 것으로 만듭니다.

● **The actor in the movie is so good-looking. His co-star is stunning as well.** 그 영화 속 배우 너무 잘생겼어. 상대 배우도 정말 멋져.

● **After he quit his job, he got chubby, but now he is working out and is starting to look great!**
그는 퇴사한 후에 통통해졌는데, 지금은 운동해서 다시 좋아 보이기 시작했어!

● **I think I'm into men with thick blond hair.**
난 금발의 머리숱 많은 남자를 좋아하는 것 같아.

Step 2 입으로 말하기

3초 안에 영어로 나오지 않는다면 다시 STEP 1으로 돌아가 연습합니다.

그 영화 속 배우 너무 잘생겼어. 상대 배우도 정말 멋져.

그는 퇴사한 후에 통통해졌는데, 지금은 운동해서 다시 좋아 보이기 시작했어!

난 금발의 머리숱 많은 남자를 좋아하는 것 같아.

 ## Step 3 실전 대화에서 연습하기

학습한 문장을 활용해 실전 대화 연습을 해 봅시다.

↳ set A up with B: A에게 B를 소개시켜 주다

A Emily, I want to set you up with a friend of mine. Tony is a charming, good-looking guy. I think you'd like him.

B I'm quite picky. I like men who are slim and tall and have a nice smile.

A Oh well, Tony is all of those things and more. He has very thick black hair, brown eyes and a nice physique.

B Does he have a moustache? That's not my thing.

A Luckily, he doesn't. Do you want to meet him?

A 에밀리, 너에게 내 친구를 소개해 주고 싶은데 말이지. 토니는 매력적이고 잘생긴 애야. 너도 좋아할 거야.

B 내가 꽤 까다롭거든. 나는 마르고, 키 크고, 미소가 멋진 남자를 좋아해.

A 오, 토니는 네가 말한 것에 모두 다 해당될 뿐만 아니라 더 있어. 풍성한 검은 머리, 갈색 눈, 그리고 멋진 몸까지 갖췄거든.

B 혹시 긴 콧수염 있어? 그건 정말 내 스타일이 아니거든.

A 다행히, 없어. 그와 만나 볼래?

'다이어트'를 향한 굳은 의지를 표현하고 싶을 땐 이렇게 말해 봐!

1 **I am going to cut out cigarettes and cut down on junk food.** 난 담배를 끊고 정크 푸드를 적게 먹을 거야.
    ↳ n. 정크 푸드 (열량은 높지만 영양가는 낮은 패스트푸드·인스턴트 식품)

2 **Skip dinner and work out more for quick weight loss.**
빨리 살을 빼려면 저녁을 굶고 운동을 더 하세요.

3 **I shed 5 kilograms in summer and put it all back on in winter.**
여름에 5 킬로그램을 뺐는데 그 뺀 살이 겨울에 다시 다 쪘어.

Native's TIP!

　　몸에 안 좋은 습관들은 아예 버려야 하죠? 이럴 땐 '~을 그만두다'라는 뜻의 표현 cut out을 활용해서 말할 수 있습니다. 또, 다이어트를 하기 위해 음식 섭취를 줄일 땐 '~을 줄이다'라는 표현인 cut down[back] on을 사용합니다. '식사를 건너뛰다, 굶다'라고 할 땐 동사 skip을 사용하여, skip breakfast와 같이 쓸 수 있다는 것도 함께 알아 두세요. 몸무게가 줄거나 늘었을 땐 각각 lose와 gain을 사용하여 말하곤 하는데요, lose 대신 '~을 벗다, 없애다'라는 의미의 shed를, gain 대신 '~을 덧붙이다'라는 의미를 가진 put on을 사용할 수 있다는 것도 기억하세요.

🎲 **Step 1 문장 익히기**

10번 반복해서 큰 소리로 읽어보며 내 것으로 만듭니다.

● **The doctor told me to cut down on carbs and cut out smoking.** 의사 선생님이 나에게 탄수화물을 줄이고 담배를 끊으라고 하셨어.

● **I usually skip breakfast, so by lunchtime I'm starving.**
나는 보통 아침 식사를 걸러서, 점심시간이 되면 엄청 배고파.

● **Last year I shed 10 kilograms, but this year I put it all back on.** 나는 작년에 10 킬로그램을 뺐지만, 그 뺀 살이 올해 다시 다 쪘어.

Step 2 입으로 말하기

3초 안에 영어로 나오지 않는다면 다시 STEP 1으로 돌아가 연습합니다.

의사 선생님이 나에게 탄수화물을 줄이고 담배를 끊으라고 하셨어.

나는 보통 아침 식사를 걸러서, 점심시간이 되면 엄청 배고파.

나는 작년에 10 킬로그램을 뺐지만, 그 뺀 살이 올해 다시 다 쪘어.

Step 3 실전 대화에서 연습하기

학습한 문장을 활용해 실전 대화 연습을 해 봅시다.

A Summer is coming, so I need to shed a few kilograms to get my summer body ready. I can't wait to head to the beach.

B I'm dieting these days as well. I put on 5 kilograms during the winter. I think I have a lot of work to do.

A I really need to stop skipping lunch and instead cut back on high sugary foods. I'm addicted to junk food.

B I need to cut out smoking and drinking. But it's hard to quit suddenly. I need some more time.

A 여름이 다가오고 있어. 그러니 여름 대비 몸매를 만들려면 몇 킬로그램을 빼야 해. 빨리 해변에 가고 싶다.
B 나도 요즘 다이어트 하고 있어. 겨울 동안 5 킬로그램이나 쪘거든. 운동 좀 많이 해야 할 것 같아.
A 난 진짜 점심을 거르는 건 그만하고 대신 설탕이 많이 든 음식 먹는 걸 줄여야 해. 난 정크 푸드에 중독됐어.
B 나는 담배랑 술을 끊어야 해. 근데 갑자기 끊기는 어려워. 시간이 좀 더 필요해.

'길을 알려줄 때' 당황하지 않으려면 이 표현들을 꼭 알아 두자!

<u>1</u> **Go up the road, and at the academy turn left.**
길을 따라 쭉 올라가서, 학원에서 왼쪽으로 가세요.

<u>2</u> **Great! I'm going in the same direction. Follow me.**
잘됐네요! 저도 같은 방향으로 가던 차예요. 절 따라오세요.

<u>3</u> **I'm sorry, I don't know, either.
I'm new to this area.**
죄송해요, 저도 잘 모르겠어요. 저도 여기 처음 와봐서요.

Native's TIP!

외국인이 길을 물어보면 당황하기 마련인데요. 위와 같은 표현들을 알아두면 쉽게 설명할 수 있습니다. 우선 '이 길을 따라 쭉 올라가세요'라고 할 때는 go up the road라고 하고, 반대로 '이 길을 따라 쭉 내려가세요'라고 할 땐 go down the road라고 말하면 됩니다. 만약 가는 방향이 같다면 I'm going in the same direction.이라고 말할 수 있는데요. 덧붙여 길을 알려주거나 뒤따라오라고 할 수 있습니다. 하지만 길을 모른다면 정중하게 I'm sorry, I don't know, either.라고 솔직하게 모르겠다고 얘기하면 됩니다.

🎲 Step 1 문장 익히기

10번 반복해서 큰 소리로 읽어보며 내 것으로 만듭니다.

● **To get to the closest bookstore, just go up the road for 500 metres, and it's on your left.**
가장 가까운 서점에 가려면, 길을 따라 500 미터 올라간 다음, 왼쪽을 보시면 돼요.

● **You're going to the shopping mall? Great! I'm going in the same direction. Let's go together.**
쇼핑몰에 가는 거죠? 잘됐네요! 저도 같은 방향으로 가던 참이에요. 같이 가요.

● **I'm sorry, I don't know, either. But let me check my phone.** 죄송해요, 저도 잘 모르겠어요. 그렇지만 휴대폰으로 확인해 볼게요.

Step 2 입으로 말하기

3초 안에 영어로 나오지 않는다면 다시 STEP 1으로 돌아가 연습합니다.

가장 가까운 서점에 가려면, 길을 따라 500 미터 올라간 다음, 왼쪽을 보시면 돼요.

쇼핑몰에 가는 거죠? 잘됐네요! 저도 같은 방향으로 가던 참이에요. 같이 가요.

죄송해요, 저도 잘 모르겠어요. 그렇지만 휴대폰으로 확인해 볼게요.

Step 3 실전 대화에서 연습하기

학습한 문장을 활용해 실전 대화 연습을 해 봅시다.

A Excuse me, do you know where the Pagoda Hotel is?

B Yeah sure, go down the road for about 20 meters, and it's on your left.

A Thank you. Before I go, I need to find a convenience store. Do you know where one is?

B I think there is one not too far from here. I'm going in the same direction. Follow me.

A Thank you so much. Oh, you wouldn't happen to know where the Gallery of Modern Art is, would you?

B Ah, I'm sorry, I don't know, either.

A 실례합니다. 파고다 호텔이 어디에 있는지 아시나요?
B 아 네, 이 길 따라 20 미터 정도 내려가시면, 왼쪽에 있어요.
A 감사해요. 가기 전에, 제가 편의점을 찾아야 하는데요. 어디에 있는지 아세요?
B 여기서 그리 멀지 않은 곳에 하나 있는 것 같아요. 저도 그 방향으로 가던 차여서요. 절 따라오세요.
A 정말 감사합니다. 오, 혹시 현대미술관이 어디 있는지는 모르시겠죠?
B 아, 죄송해요, 저도 잘 모르겠어요.

'한국의 명소를 추천할 때'
쓸 수 있는 표현들로는 뭐가 있을까?

1 **If you like to buy cheap clothes, the Dongdaemun Market is the place to go.** 저렴한 옷을 사고 싶다면, 동대문 시장에 가봐.

2 **If you want to see traditional Korean culture, then you have to check out the Hanok Village.**
한국의 전통문화를 보고 싶다면, 한옥 마을에 꼭 가봐야 돼.

3 **One of the most popular places in Korea is Hongdae.**
한국에서 가장 인기 있는 장소 중 하나는 홍대야.

Native's TIP!

　　외국인 친구가 한국에 놀러 왔을 땐 무엇을 좋아하는지 물어본 다음에 친구에게 맞는 장소를 추천해 주세요. '~하고 싶으면'이라는 뜻의 If you like[want] to ~ 표현과 더불어 '여기에 꼭 가봐'라는 뜻의 You have to check out + 장소. 표현을 활용하여 말하면 됩니다. 그리고 한국에서의 명소나 인기 있는 곳을 추천할 때는 One of the most popular places in Korea is + 장소[지역].라고 말할 수 있으니 함께 기억하세요.

Step 1 문장 익히기

10번 반복해서 큰 소리로 읽어보며 내 것으로 만듭니다.

● **If you like to eat good food, I recommend you visit Gangnam.** 맛있는 음식을 먹고 싶다면, 강남에 가보길 추천해요.

● **You have to check out Lotte World while you're here. It's the biggest indoor theme park in Korea.**
여기 있는 동안 롯데월드에 꼭 가보세요. 한국에서 가장 큰 실내 테마파크예요.

● **One of the most popular places in Korea is N Seoul Tower. It has a beautiful night view.**
한국에서 가장 인기 있는 장소 중 하나는 엔 서울 타워야. 멋진 야경을 볼 수 있는 곳이지.

Step 2 입으로 말하기

3초 안에 영어로 나오지 않는다면 다시 STEP 1으로 돌아가 연습합니다.

맛있는 음식을 먹고 싶다면, 강남에 가보길 추천해요.

여기 있는 동안 롯데월드에 꼭 가보세요. 한국에서 가장 큰 실내 테마파크예요.

한국에서 가장 인기 있는 장소 중 하나는 엔 서울 타워야. 멋진 야경을 볼 수 있는 곳이지.

Step 3 실전 대화에서 연습하기

학습한 문장을 활용해 실전 대화 연습을 해 봅시다.

A I'm coming to Korea this summer. What do you recommend?

B Well, what do you like to do? If you want to have a good time, I have plenty of places to recommend.

A I love walking around and seeing beautiful places.

B If you like beautiful places, I recommend going to Jeju Island. While you're there, you have to check out the small island called Udo. It's one of the most popular places in Korea right now.

A 이번 여름에 한국에 갈 계획이야. 뭐 할지 추천해 줄래?
B 글쎄, 뭐 하는 거 좋아해? 즐거운 시간을 보내고 싶다면, 추천할 만한 장소가 많아.
A 나는 걸어 다니면서 아름다운 장소를 보는 게 좋아.
B 아름다운 장소를 좋아한다면, 제주도에 가는 것을 추천해. 제주도에 있는 동안, 우도라고 불리는 작은 섬은 꼭 가봐야 돼. 그곳은 지금 한국에서 가장 인기 있는 곳 중 하나야.

'신발 가게'에서 사이즈를 문의할 땐 어떤 표현을 사용할까?

<u>1</u> **Excuse me, do you have these in a size 9?**
죄송하지만, 이 제품 사이즈 9도 있나요?

<u>2</u> **They are a little tight on the sides.**
옆 부분이 약간 꽉 끼네요.

<u>3</u> **After they break in, they will become more comfortable.**
그 신발을 길들이고 나면, 좀 더 편해질 거예요.

Native's TIP!

신발 가게에서 쓰는 표현들 중 특정 사이즈가 있는지 문의할 때는 Do you have ~ in a size ~?, Do you have a size ~?, Can I please try a size ~?라고 표현할 수 있습니다. 신발을 신어보니 사이즈가 안 맞는 경우가 있죠? 신발이 작을 땐 small, 꽉 끼면 tight라고 하면 됩니다. 반대로 신발이 크면 big, 너무 커서 헐렁하면 loose라고 얘기할 수 있습니다. 그러다가 사이즈가 고민이 되면 점원들에게서 '좀 신다 보면 괜찮아질 거예요'라는 말을 들을 때가 많죠? 이럴 땐 '새 신을 길들이다'라는 의미로 break in 또는 wear in이라고 표현한다는 것도 함께 알아 두세요.

🎲 Step 1 문장 익히기

10번 반복해서 큰 소리로 읽어보며 내 것으로 만듭니다.

● **Hi, do you have these in a size 7? I usually wear a size 6, but these are a little small for me.**
안녕하세요, 이거 사이즈 7 있나요? 저는 보통 사이즈 6을 신는데, 이거는 제게 조금 작네요.

● **These are too tight, so I think I'd better get the next size up. I like these shoes, though.**
이것들이 너무 꽉 끼는데, 한 치수 더 큰 걸로 사야겠어요. 신발들은 마음에 들긴 해요.

● **If you soak your shoes in water, they will be easier to break in.** 신발을 물에 적시면, 좀 더 쉽게 길들여질 거예요.

Step 2 입으로 말하기

3초 안에 영어로 나오지 않는다면 다시 STEP 1으로 돌아가 연습합니다.

안녕하세요, 이거 사이즈 7 있나요? 저는 보통 사이즈 6을 신는데, 이거는 제게 조금 작네요.

이것들이 너무 꽉 끼는데, 한 치수 더 큰 걸로 사야겠어요. 신발들은 마음에 들긴 해요.

신발을 물에 적시면, 좀 더 쉽게 길들여질 거예요.

Step 3 실전 대화에서 연습하기

학습한 문장을 활용해 실전 대화 연습을 해 봅시다.

A Excuse me, I like these shoes. Do you have these in a size 5?

B One second, please. Here you go. How do they feel? They really suit you.

A Hmm, they are a little tight. Could I try on a larger size?

B Once you break them in, they will become more comfortable. But if you like, I can get a size 6 for you.

A 실례합니다. 이 신발이 마음에 드는데요. 이거 사이즈 5 있나요?
B 잠시만요. 여기 있습니다. 어떠세요? 손님께 정말 잘 어울리네요.
A 음, 조금 꽉 끼네요. 좀 더 큰 사이즈로 신어볼 수 있을까요?
B 신발은 길들이고 나면, 더 편해질 거예요. 하지만 손님께서 원하시면, 제가 사이즈 6으로 가져다드릴게요.

'줄임말'을 알아야 제대로
소통할 수 있다!

1 RSVP(répondez s'il vous plaît) 회신 바랍니다.

2 ETA(Expected Time of Arrival) 도착 예정 시간

3 AKA(Also Known As) ~로도 알려진

Native's TIP!

요즘 우리말에도 '별다줄(별걸 다 줄인다)'이라는 표현이 있죠? 원어민들도 이에 못지않게 줄임 말을 많이 씁니다. 우선 RSVP(R.S.V.P.)는 프랑스에서 유래한 단어로, 풀어서 쓰면 répondez s'il vous plaît라고 합니다. 즉, 영어로 하면 please reply to an invitation이라는 의미로 초대에 따른 참석 여부를 알려달라는 말이니 회신하면 됩니다. ETA(E.T.A.)라고 하면 Expected Time of Arrival로, '도착 예정 시간'을 의미합니다. 아마 여행 일정표에서 종종 보셨을 겁니다. 마지막으로 AKA(a.k.a.)는 also known as의 줄임말로, 보통 뒤에는 별명이나 예명 등이 나오며 '~로도 알려진'이라는 의미로 쓰입니다.

🎲 Step 1 문장 익히기

10번 반복해서 큰 소리로 읽어보며 내 것으로 만듭니다.

● **My friend's wedding is coming up soon, and I still haven't RSVPed. I should do that today!**
친구 결혼식이 곧 다가오는데, 나 아직 참석 여부에 대한 답변도 안 했어. 오늘 바로 해야겠다!

● **Sorry, I'm running a little late. My ETA will be around 6:15 P.M.** 미안, 나 좀 늦을 것 같아. 내 도착 예정 시간은 오후 6시 15분쯤이야.

● **Starbucks, aka SBUCK in Korea, is the most popular franchise cafe.**
한국에서 스벅이라고 불리는 스타벅스는 가장 인기 있는 프랜차이즈 커피 전문점이야.

Step 2 입으로 말하기

3초 안에 영어로 나오지 않는다면 다시 STEP 1으로 돌아가 연습합니다.

친구 결혼식이 곧 다가오는데, 나 아직 참석 여부에 대한 답변도 안 했어. 오늘 바로 해야겠다!

미안, 나 좀 늦을 것 같아. 내 도착 예정 시간은 오후 6시 15분쯤이야.

한국에서 스벅이라고 불리는 스타벅스는 가장 인기 있는 프랜차이즈 커피 전문점이야.

Step 3 실전 대화에서 연습하기

학습한 문장을 활용해 실전 대화 연습을 해 봅시다.

A Suzie, aka "Miss always late", RSVPed to the party. So, she should be here.

B She just messaged me and said her ETA would be at 5.

A Oh, thank goodness. I thought she might have bailed.

B No, she wanted to come.

A '지각 대장'이라고 불리는 수지가 파티에 온다고 답장을 했었어. 그러니까, 그녀는 여기에 올 거야.
B 방금 그녀가 내게 메시지를 보냈는데 도착 예정 시간이 5시라고 하네.
A 오, 너무 다행이다. 난 그 애가 안 올 줄 알았거든.
B 아냐, 수지는 오고 싶어 했어.

Speak Out!

❶ 너 그거 할래?   Day **029**

❷ 제 셔츠에 커피 얼룩이 있어요.   Day **033**

❸ 난 아침 7시에 일어나.   Day **027**

❹ 제 반려동물은 대소변을 가릴 줄 알아요.   Day **021**

❺ 전 그냥 구경하고 있어요.   Day **024**

❻ 난 막 근육질이 되고 싶진 않아, 탄력 있어 보이고 싶어.   Day **030**

❼ 누구든 권위적인 상사는 싫어해.   Day **034**

❽ 나한테 바가지 씌웠어.   Day **025**

❾ 저 셔츠를 제임스처럼 저렇게 잘 소화하는 사람은 없을 거야. Day **023**

❿ 옆 부분이 약간 꽉 끼네요.   Day **039**

Answer

❶ Are you up[down] for it?
❷ I've got a coffee stain on my shirt.
❸ I jump out of bed at 7 a.m.
❹ My pet is house-trained.
❺ I'm just looking around. / I'm just browsing.

❻ I want to be toned, but not ripped.
❼ Everyone hates a bossy boss.
❽ I was overcharged.
❾ No one can pull that shirt off like James does.
❿ They are a little tight on the sides.

((B. 실생활에서 바로 써먹기))

A ❶ _____, please.

위에만 조금 잘라 주세요.

B All right! And I can see ❷ _____. ❸ _____ as well?

알겠습니다! 그리고 뿌리 쪽에 머리가 다시 자라는 게 보여요. 뿌리 염색도 하시는 건 어때요?

A ❹ _____.

'지각 대장'이라고 불리는 수지가 오늘 일찍 도착했어.

B That's a surprise.

그거 놀랍네.

A ❺ _____.

술이나 한잔하러 가자.

B Sorry, but ❻ _____. I will just chill out at home.

미안하지만, 나 술 줄여야 해. 나는 그냥 집에서 쉴게.

A Could you tell me how to get to the MOMO Gallery?

모모 미술관에 가는 방법을 알려주실 수 있을까요?

B ❼ _____ and take a left at the clock tower.

길을 따라 쭉 올라가서 시계탑에서 왼쪽으로 가세요.

A I shed 5kgs in summer and ❽ _____ in winter.

여름에 5킬로를 뺐는데 그 뺀 살이 겨울에 다시 다 쪘어.

B Me, too! So ❾ _____.

나도 마찬가지야! 그래서 얼마 전에 유산소 운동을 하기 시작했어.

Answer

❶ I would like to get a little bit off the top / Just a little bit off the top
❷ your regrowth is showing
❸ Why don't you get your roots dyed[dye your roots]
❹ Suzie, aka "Miss always late", arrived early today

❺ Let's grab a drink
❻ I have to cut down on drinking
❼ Go up the road
❽ (I) put it all back on
❾ I've just started to do some cardio

Day
041~060

Speak Out!

영어에도 '수고하셨습니다!'라는 표현이 있을까?

1 **Great work today.**
오늘 고생 많으셨습니다. / 오늘 하루도 수고 많았어요.

2 **Have a good day[one/evening].**
즐거운 하루[저녁] 보내세요.

3 **Take it easy.**
(일을) 쉬엄쉬엄하세요. / 쉬세요.

Native's TIP!

엄밀하게 말하자면, 외국에서는 '수고하셨습니다'라는 표현이 따로 없습니다. 비슷한 뉘앙스의 말로 Great work today.라는 표현이 있는데요. 직역하면 '오늘 하루도 잘했어'라는 의미로, 보통 상사가 부하 직원에게 쓰는 말입니다. 그래서 외국에서는 이 표현을 자칫 잘못 쓰면 조금 어색하거나 예의 없게 들릴 수 있어 '좋은 하루 보내세요'라는 의미의 Have a good day.를 더 자주 사용합니다. 이때 상대가 먼저 Have a good day.라고 했을 때는 day를 대명사 one으로 받아서 그냥 Have a good one.이라고 말할 수도 있으니 알아 두세요. 마지막으로, '무리하지 말고 쉬엄쉬엄하다'라는 의미의 Take it easy.라는 표현이 있는데요. 이것은 좀 더 친한 사이에서 쓰이는 표현이니 주변의 친구들에게 편하게 사용해 보세요.

🎲 Step 1 문장 익히기

10번 반복해서 큰 소리로 읽어보며 내 것으로 만듭니다.

● **Great work today. Now go home and get some rest.**
오늘 수고 많으셨습니다. 이젠 집에 가서 푹 쉬세요.

● **I'm going to head home now. Have a good one.**
저는 이만 집에 가보겠습니다. 좋은 하루 보내세요.

● **Thanks again for today. Take it easy.**
다시 한번 더 오늘 고마워. 쉬어.

Step 2 입으로 말하기

3초 안에 영어로 나오지 않는다면 다시 STEP 1으로 돌아가 연습합니다.

- 오늘 수고 많으셨습니다. 이젠 집에 가서 푹 쉬세요.
- 저는 이만 집에 가보겠습니다. 좋은 하루 보내세요.
- 다시 한번 더 오늘 고마워. 쉬어.

 ## Step 3 실전 대화에서 연습하기

학습한 문장을 활용해 실전 대화 연습을 해 봅시다.

A Alright Noah, I'm off for the day. Have a good evening.

B Okay Sunny, great work today. I'll see you tomorrow.

A 좋아 노아. 나 이제 퇴근하려고. 즐거운 저녁 시간 보내길 바랄게.
B 알겠어 써니. 오늘 하루 고생했어. 내일 봐.

A Thanks again for helping me move today. Take it easy.

B No worries. Let me know when you decide to throw a housewarming party. See you later!

A 오늘 이사하는 데 도와줘서 다시 한번 고마워. 쉬어.
B 괜찮아. 집들이 결정되면 알려 줘. 나중에 봐!

'말 공백 메우기 표현'까지 자연스럽게 영어로 해 볼까?

1 I mean,
(자신이 방금 한 말을 설명 또는 강조할 때) 제 말은요, / 다시 말해.

2 Believe me,
(다음에 나올 말을 강조하고자 할 때) 내 말을 믿어봐, / 진짜라니까.

3 You know what I mean?
(자신의 말을 잘 이해하고 있는지 확인할 때) 제 말이 무슨 뜻인지 아시죠?

Native's TIP!

원어민들이 자주 쓰는 말 공백 메우기 표현들(filler words)로는 well, um, uh, you know 등이 있습니다. 우리말로 하면, '음', '어', '그 있잖아' 등의 표현으로 다음 할 말을 정리하며 대화의 공백을 줄이는 역할을 합니다. 그 밖에 또 원어민들이 자주 쓰는 표현으로 I mean이 있는데요. '내 말은, 즉, 다시 말해' 등의 의미로, 보통 본인이 했던 말을 다시 부연 설명하고자 할 때나 강조하기 위해 씁니다. 또, Believe me이라는 표현은 '내 말을 믿어, 진짜야'라는 뜻으로, 다음에 나올 말이 사실임을 강조하고자 할 때 사용합니다. 마지막으로, You know what I mean?과 같은 경우 '제 말이 무슨 뜻인지 아시죠?'라는 의미로 본인이 한 말을 잘 이해하고 따라오는지 확인하거나 본인이 한 말에 대해 동의를 하는지 확인하는 표현입니다.

🎲 Step 1 문장 익히기

10번 반복해서 큰 소리로 읽어보며 내 것으로 만듭니다.

● **I mean, I'm not unhappy, but I certainly could be happier.**
제 말은요, 제가 행복하지 않은 것은 아니지만, 분명 더 행복해질 수는 있다는 거예요.

● **Believe me, I'm not excited about going, but I have no choice.** 진짜라니까, 가는 게 신나지는 않지만, 달리 선택권이 없어.

● **I'm so nervous. You know what I mean?**
너무 긴장돼요. 제 말 무슨 뜻인지 아시죠?

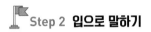

Step 2 입으로 말하기

3초 안에 영어로 나오지 않는다면 다시 STEP 1으로 돌아가 연습합니다.

- 제 말은요, 제가 행복하지 않은 것은 아니지만, 분명 더 행복해질 수는 있다는 거예요.

- 진짜라니까, 가는 게 신나지는 않지만, 달리 선택권이 없어.

- 너무 긴장돼요. 제 말 무슨 뜻인지 아시죠?

 ## Step 3 실전 대화에서 연습하기

학습한 문장을 활용해 실전 대화 연습을 해 봅시다.

A You start your new job next week. I mean, you must be excited.

B Believe me, I've got butterflies in my stomach just thinking about it.

↳ get[have] butterflies in one's stomach:
(긴장해서) 가슴이 벌렁대다

A Everyone is nervous on their first day. You know what I mean? There is no need to worry.

B I'm sure you're right. Maybe I'm overreacting.

A 너 다음 주부터 새 직장에서 일을 시작하는구나. 내 말은, 너 진짜 설레겠다.
B 아 진짜, 나 그 생각만 해도 가슴이 벌렁거려.
A 모두들 다 첫날에는 긴장되기 마련이야. 내 말 무슨 뜻인지 알지? 걱정할 필요 없어.
B 네 말이 맞아. 어쩌면 내가 과민 반응을 보이는지도 모르겠어.

'비속어'로 쓰이는 bloody는 피와 관련이 없다고?

1 **That was a bloody[freaking] good movie!**
굉장히 좋은 영화였어!

2 **Don't be a smart ass[arse]!**
잘난 척하지 마!

3 **Jeez Louise, I can't believe that happened.**
세상에, 저런 일이 일어났다는 걸 믿을 수가 없어.

Bloody Good

Native's TIP!

오늘은 비속어 표현에 대해 알아보겠습니다. 우선 bloody나 freaking은 뒤에 나오는 명사를 강조하는 강조어로 '아주, 되게, 굉장히, 매우'라는 의미를 나타냅니다. 영국에서는 bloody를, 미국에서는 freaking이라는 표현을 더 많이 쓰는데요. 여기서 bloody는 피(blood)와는 딱히 관련이 없는 표현입니다. 다음으로, smart ass에서 ass는 명사로 '엉덩이' 또는 '멍청이'라는 뜻을 가지고 있습니다. smart ass라고 하면 '건방진 녀석, 잘난 척하는 사람'을 가리키며, 영국식 표현으로는 smart arse라고 한다는 것도 알아 두세요. 마지막으로, Jeez Louise는 놀라거나 화났을 때 쓰는 표현으로 '세상에, 맙소사'라는 뜻을 가집니다. 이 표현은 사실 Jesus Christ를 좀 더 순화해서 사용하는 표현인데요. '예수 그리스도'라는 표현의 신성모독을 피하고자 Jeez Louise로 대신하여 사용합니다.

🎲 Step 1 문장 익히기

10번 반복해서 큰 소리로 읽어보며 내 것으로 만듭니다.

● **It's so bloody cold today. I should have worn more clothes.** 오늘 진짜 너무 춥다. 좀 더 옷을 껴입을 걸 그랬어.

● **Don't mind him. He's just being a smart ass. He thinks he knows everything.**
쟤 신경 쓰지 마. 그냥 쟤는 잘난 척만 하는 애야. 본인이 다 안다고 생각한다니까.

● **(BANG!) Jeez Louise! I almost jumped out of my skin.**
(쾅!) 세상에나! 나 진짜 깜짝 놀랐어.
↳ jump out of one's skin:
너무 놀라서 펄쩍 뛰다

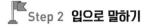

Step 2 입으로 말하기

3초 안에 영어로 나오지 않는다면 다시 STEP 1으로 돌아가 연습합니다.

● 오늘 진짜 너무 춥다. 좀 더 옷을 껴입을 걸 그랬어.

● 쟤 신경 쓰지 마. 그냥 쟤는 잘난 척만 하는 애야. 본인이 다 안다고 생각한다니까.

● (쾅!) 세상에나! 나 진짜 깜짝 놀랐어.

 ## Step 3 실전 대화에서 연습하기

학습한 문장을 활용해 실전 대화 연습을 해 봅시다.

A This movie was so freaking good. The director did a great job.

B Actually, the director had no idea what he was doing. I studied film, and I could tell he made so many mistakes.

A Why do you always have to be a smart arse? Just enjoy the movie, why don't you?

B Jeez Louise, I was only joking around. It was alright, I guess.

A 이 영화 진짜 재밌었어. 감독이 영화를 정말 잘 만들었더라고.
B 사실, 그 감독은 자기가 뭐 하는지도 제대로 몰랐어. 내가 영화를 전공했는데, 그 감독이 실수를 정말 많이 했더라고.
A 넌 왜 항상 그렇게 잘난 척을 하는 거야? 그냥 영화를 즐기면 안 돼?
B 세상에, 난 그냥 장난치는 거였어. 그 영화 괜찮았던 것 같아.

'사계절'에 대해 이렇게 다양하게 말할 수 있다니!

1 I'm so happy the weather is warming up.
날이 따뜻해지고 있어서 너무 좋아요.

2 This summer the weather will be muggy and scorching hot. 이번 여름에는 날씨가 후텁지근하고 타는 듯이 더울 것입니다.

3 It's freezing outside. Let's stay inside and get all rugged up.
밖에 너무 추워. 집안에서 따뜻하게 껴입고 있자.

Native's TIP!

날이 따뜻해지고 꽃이 피는 봄 날씨는 warm up, flowers bloom 등으로 표현하고, 꽃가루 알레르기는 hay fever라고 합니다. 그리고 '무더운, 타는 듯이 더운'이란 뜻의 sweltering, scorching hot, '땀을 흘리다'라는 뜻의 동사 sweat, '습한'이란 뜻을 지닌 muggy, humid 등은 여름 날씨를 설명할 때 자주 쓰이는 표현이므로 기억하세요. '가을' 하면 떠오르는 것들로는 autumn breeze '가을바람', falling leaves '떨어지는 낙엽', celebrate Thanksgiving '추수감사절을 기념하는 행사' 등이 있겠죠? 마지막으로 겨울이 찾아오면, 보통 '너무 추운, 영하의'라는 뜻의 freezing을 사용하여 추운 날씨를 표현합니다. 따라서 겨울에는 집에서 따뜻하게 껴입고(wrap[rug] up) 있는 게 좋겠죠?

🎲 Step 1 문장 익히기

10번 반복해서 큰 소리로 읽어보며 내 것으로 만듭니다.

- The weather is warming up, and look, the flowers are blooming. 날이 따뜻해지고 있어, 저것 봐, 꽃이 피고 있어.

- I hate this muggy weather. I prefer dry, scorching hot summers to humid summers.
난 이런 후텁지근한 날씨는 싫어. 난 습한 여름보다 건조하고 타는 듯이 더운 여름이 더 좋아.

- The freezing snow is coming down hard. Let's just stay in and get rugged up.
우박 같은 눈이 세차게 내리고 있어. 그냥 집에서 따뜻하게 껴입고 있자.

Step 2 입으로 말하기

3초 안에 영어로 나오지 않는다면 다시 STEP 1으로 돌아가 연습합니다.

- 날이 따뜻해지고 있어, 저것 봐, 꽃이 피고 있어.

- 난 이런 후텁지근한 날씨는 싫어. 난 습한 여름보다 건조하고 타는 듯이 더운 여름이 더 좋아.

- 우박 같은 **눈**이 세치게 내리고 있어. 그냥 집에서 따뜻하게 껴입고 있자.

 ## Step 3 실전 대화에서 연습하기

학습한 문장을 활용해 실전 대화 연습을 해 봅시다.

A My favorite season is summer. I love going out for picnics.

B Really? In the muggy weather? I much prefer spring when the flowers are blooming and are beautiful.

A But how about allergies? I get severe hay fever during spring season. I think autumn is better than spring because I can also celebrate Thanksgiving.

B Winter is more to my taste. Even though it's freezing outside, it's much better than sweating.

A 내가 가장 좋아하는 계절은 여름이야. 소풍 가는 걸 좋아하거든.
B 정말? 후텁지근한 날씨에? 난 꽃이 펴서 아름다운 봄을 훨씬 더 선호해.
A 하지만 알레르기는? 난 봄에 꽃가루 알레르기가 심하거든. 내 생각엔 가을이 봄보다 더 나은 것 같아. 추수감사절도 기념할 수 있으니까.
B 겨울이 더 내 취향이야. 밖이 몹시 춥긴 해도, 땀 흘리는 것보다는 훨씬 낫지.

원어민이 사용하는 '시간' 관련 표현에는 어떤 것들이 있을까?

1 The movie starts at a quarter to seven.
영화는 6시 45분에 시작해.

2 Let's meet around sixish, and we can grab something to eat before we go.
6시 정도에 만나서, 떠나기 전에 뭐 좀 먹자.

3 Sorry, I'm stuck in traffic. I think I will be there at half past twelve.
미안해. 차가 막혀서 꼼짝도 못 하고 있어. 그곳에 12시 30분에 도착할 것 같아.

Native's TIP!

quarter는 '4분의 1'이라는 의미로 시계에서는 '15분'을 의미합니다. 따라서 「(a) quarter to/before + 시」는 '~시가 되기 15분 전'이라는 의미이고, 「(a) quarter past/after + 시」는 '~시가 되고 15분 지난'이라는 의미입니다. 그리고 '~시 반, ~시 30분'은 half를 사용합니다. 「half past/after + 시」는 '~시의 반이 지난'이라는 의미로, 예를 들어, It's half past one.이라고 하면 '1시에서 반이 지났다'라는 의미로 '한 시 반'이라는 의미입니다. 마지막으로 -ish는 '거의, 대략'이라는 의미로 시간 표현 뒤에 쓰면 '대략 몇 시쯤'이라는 의미가 됩니다. 또한, 정각은 sharp나 on the dot을 이용해 표현합니다.

Step 1 문장 익히기

10번 반복해서 큰 소리로 읽어보며 내 것으로 만듭니다.

- If we leave at a quarter to six, we can make it to the screening. 5시 45분에 나가면, 상영 시간에 맞춰서 갈 수 있어.

- I want to arrive around twoish, so make sure you are ready by twelve sharp.
난 2시 정도에 도착하고 싶으니까, 반드시 12시 정각까지는 준비를 다 끝마쳐줘.

- I went to bed at half past eight last night. I was so exhausted. 어젯밤에 8시 30분에 잤어. 너무 피곤했거든.

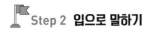

Step 2 입으로 말하기

3초 안에 영어로 나오지 않는다면 다시 STEP 1으로 돌아가 연습합니다.

● 5시 45분에 나가면, 상영 시간에 맞춰서 갈 수 있어.

● 난 2시 정도에 도착하고 싶으니까, 반드시 12시 정각까지는 준비를 다 끝마쳐줘.

● 어젯밤에 8시 30분에 잤어. 너무 피곤했거든.

Step 3 실전 대화에서 연습하기

학습한 문장을 활용해 실전 대화 연습을 해 봅시다.

A What time is your class tomorrow? Do you want to meet for a late lunch?

B I have one class at a quarter past ten and one class at half twelve. I should be finished about threeish. How about you?

A My class starts at quarter to 11 on the dot and finishes about half past two. I can wait in the library.

B Yeah sure, I'll send you a message when I finish.

A 내일 수업 몇 시야? 늦은 점심 먹으러 만날래?
B 나 내일 10시 15분에 수업 하나 있고, 12시 30분에 또 하나 있어. 아마 3시 정도에는 마칠 거야. 너는 어때?
A 나는 수업이 정확히 10시 45분에 시작하고 2시 30분쯤에 끝나. 내가 도서관에서 기다릴 수 있어.
B 오 좋아, 내가 끝나면 문자 메시지를 보낼게.

'축하해요'라고 말할 땐
상황별 표현을 함께 알아 두자!

1 Happy birthday, I hope all your wishes come true.
생일 축하해. 네가 원하는 것들 모두 다 이루어지길 바랄게.

2 Congratulations, I wish the best for both of you.
결혼 축하해요, 두 분 모두에게 행운을 빌어요.

3 Congratulations on your promotion.
You deserve it.
승진 축하해요. 당신은 그럴 만한 자격이 있어요.

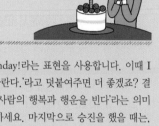

Native's TIP!

'생일 축하' 표현으로는 많이들 알고 계시듯, Happy birthday!라는 표현을 사용합니다. 이때 I hope all your wishes come true. '원하는 바가 이뤄지길 바란다.'라고 덧붙여주면 더 좋겠죠? 결혼식에서는 Congratulations!라고 축하 인사를 건네는데요. '두 사람의 행복과 행운을 빈다'라는 의미의 덕담으로 I wish the best for both of you.라는 표현도 기억하세요. 마지막으로 승진을 했을 때는, 역시 Congratulations!라고 하며 '당신은 그럴 자격이 있어요'라는 뜻의 You deserve it.을 덧붙여 축하 인사를 건넬 수 있습니다. 승진, 합격 등 노력으로 얻은 성과에 대해 축하할 때는 Congratulations.를, 생일처럼 기념일에는 Happy Birthday!와 같이 말하는 것이 자연스럽습니다.

Step 1 문장 익히기

10번 반복해서 큰 소리로 읽어보며 내 것으로 만듭니다.

● Sarah, Happy birthday. I hope all your wishes come true. 사라, 생일 축하해. 네가 원하는 것이 다 이루어지길 바랄게.

● Congratulations, I wish the best for both of you. And may you live a happy, healthy life together!
결혼 축하해, 너희 둘 모두에게 행운을 빌어. 그리고 함께 행복하고 건강하게 살기를!

● Congratulations on your promotion! You totally deserve it. 승진 축하해요! 당신은 충분히 그럴 자격이 있어요.

Step 2 입으로 말하기

3초 안에 영어로 나오지 않는다면 다시 STEP 1으로 돌아가 연습합니다.

- 사라, 생일 축하해. 네가 원하는 것이 다 이루어지길 바랄게.

- 결혼 축하해, 너희 둘 모두에게 행운을 빌어. 그리고 함께 행복하고 건강하게 살기를!

- 승진 축하해요! 당신은 충분히 그럴 자격이 있어요.

 ## Step 3 실전 대화에서 연습하기

학습한 문장을 활용해 실전 대화 연습을 해 봅시다.

A Happy belated birthday. I hope all your wishes come true.
　　⤷ adj. 뒤늦은, 늦어진
B Thanks. Oh by the way, I heard that you got promoted. Congratulations, you deserve it.

A Thank you. I worked very hard. Oh, and also I hear that you are getting married. Congratulations, I wish the best for both of you.

B Thank you. We have so many things to celebrate.

A 늦었지만 생일 축하해요. 원하는 것이 다 이루어지길 바랄게요.
B 고마워요. 아 그런데, 승진하셨다는 얘기 들었어요. 축하드립니다, 당신은 그럴 자격이 있어요.
A 고맙습니다. 제가 정말 열심히 일했어요. 아, 그리고 결혼하신다는 소식 저도 들었어요. 축하해요, 두 분께 좋은 일들만 가득하길 바랄게요.
B 고마워요. 우리 축하할 게 참 많네요.

'조언할 때'는 강한 조언과 부드러운 권유를 구분해야 해!

1 **I really think you should study harder.**
난 진심으로 네가 좀 더 열심히 공부해야 한다고 생각해.

2 **If I were you, I would wait until the next version comes out.**
내가 너라면, 다음 버전이 나올 때까지 기다릴 거야.

3 **Why don't you just wait and see?**
그냥 기다려 보는 게 어때?

Native's TIP!

　　조언을 할 때 쓰는 표현 세 가지에 대해 알아보겠습니다. 우선 조언할 때는 '~을 하는 게 좋겠다', '나라면 ~하겠다', 그리고 '~해 보는 게 어때?'라는 표현을 쓸 수 있습니다. 이 중에 I really think you should ~는 3가지 중 가장 강하게 조언하는 표현으로 '네가 꼭 ~해야 할 것 같아'라는 의미입니다. 그에 비해, If I were you, I would ~ '내가 너라면 ~할 거야'와 Why don't you ~? '~하는 게 어때?'는 상대적으로 조금 더 부드럽게 권하는 표현이므로 상황에 맞게 적절한 표현을 사용해 보세요.

Step 1 문장 익히기

10번 반복해서 큰 소리로 읽어보며 내 것으로 만듭니다.

● **That looks serious. I really think you should go to the doctor.** 그거 심각해 보이는데. 난 정말로 네가 병원에 가야 한다고 생각해.

● **If I were you, I would take the job. This is a once-in-a-lifetime opportunity.**
내가 너라면, 그 일을 맡을 거야. 이건 일생에 한 번밖에 없는 기회야.

● **Why don't you try it once? I feel like you might regret it if you don't.** 그거 한번 해 보는 게 어때? 안 하면 네가 후회할 것 같아.

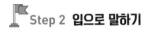

Step 2 입으로 말하기

3초 안에 영어로 나오지 않는다면 다시 STEP 1으로 돌아가 연습합니다.

● 그거 심각해 보이는데. 난 정말로 네가 병원에 가야 한다고 생각해.

● 내가 너라면, 그 일을 맡을 거야. 이건 일생에 한 번밖에 없는 기회야.

● 그거 한번 해 보는 게 어때? 안 하면 네가 후회할 것 같아.

 ## Step 3 실전 대화에서 연습하기

학습한 문장을 활용해 실전 대화 연습을 해 봅시다.

A I'm going on a blind date. What should I do? What should I wear? I'm so nervous!

B Calm down. Listen, if I were you, I would choose a nice, quiet restaurant, and wear a nice shirt and pants. NO SHORTS!

↳ 단어를 대문자로 표기한 경우 강조하는 투로 말한다

A I was thinking about an Italian restaurant. There is this good restaurant I saw online.

B Why don't you try that small restaurant near Gangnam Station? Oh, I really think you should take some flowers as well.

A 나 소개팅할 거야. 뭘 해야 돼? 뭘 입어야 하지? 너무 긴장돼!

B 진정해. 들어봐. 내가 너라면, 멋지고 조용한 식당을 고르고, 멋진 셔츠와 바지를 입을 거야. 반바지는 절대 안 돼!

A 이탈리아 식당이 어떨지 생각하고 있었어. 인터넷에서 본 괜찮은 식당이 하나 있거든.

B 강남역 근처에 있는 그 작은 식당에 가보는 건 어때? 아, 그리고 네가 꽃도 좀 사 가는 게 정말 좋을 것 같아.

'음식의 맛'을 나타내는 다양한 표현들에 대해 살펴볼까?

1 **This pizza looks yummy. Let's dig in.**
이 피자 너무 맛있어 보인다. 빨리 먹자.

2 **Beef intestines look nasty. Eww!**
소곱창은 너무 맛없어 보여. 우웩!

3 **The soup is bland. Do you have salt?**
수프가 밍밍한데. 소금 있어?

Native's TIP!

미국에서는 정말 최고로 맛있는 음식을 먹었을 때에만 delicious를 사용하고, 보통 tasty, yummy와 같은 표현을 더 자주 사용합니다. 맛이 형편없을 경우에는 gross '역겨운', nasty '형편 없는'이라는 표현을 쓰고, 음식이 밍밍하거나 심심해서 별 다른 맛이 안 느껴질 때는 bland '특별한 맛이 안 나는'이나 flat '김이 빠진'이라는 표현을 씁니다. 이외에도 맛을 나타내는 다양한 표현이 있으니 함께 알아 두세요.

온도	hot 뜨거운 warm 따뜻한 lukewarm 미지근한 cold 차가운		
달콤함	sweet 단 sugary 많이 단	떫음	bitter 쓴, 떫은 puckery 떫은, 떠름한
매움	hot 매운 spicy 매운, 양념 맛이 강한	시큼함	sour 신 acidic 매우 신 tart 시큼한

🎲 Step 1 문장 익히기

10번 반복해서 큰 소리로 읽어보며 내 것으로 만듭니다.

● **Korean street food is really yummy, even the Korean blood sausage.** 한국 길거리 음식은 정말 맛있어. 심지어 순대도 맛있어.

● **I love all seafood except oysters. Oysters are nasty.**
나는 굴만 빼고 해물은 다 좋아해. 굴은 너무 맛없어.

● **This bread is really bland, but if you put peanut butter on it, it will taste better.**
이 빵 진짜 밍밍한데, 그래도 땅콩버터를 바르면 맛이 나아질 거야.

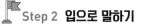

Step 2 입으로 말하기

3초 안에 영어로 나오지 않는다면 다시 STEP 1으로 돌아가 연습합니다.

- 한국 길거리 음식은 정말 맛있어, 심지어 순대도 맛있어.

- 나는 굴만 빼고 해물은 다 좋아해. 굴은 너무 맛없어.

- 이 빵 진짜 밍밍한데, 그래도 땅콩버터를 바르면 맛이 나아질 거야.

 ## Step 3 실전 대화에서 연습하기

학습한 문장을 활용해 실전 대화 연습을 해 봅시다.

A Have you been to the Pagoda Hotel? The buffet there is delicious.

B Yeah, but it's super expensive.

A There is a place in Anyang that's cheaper, and it's tasty.

B Are you talking about the "All U Can Eat" buffet? That place is bland and gross!

A 파고다 호텔 가 봤어? 거기 뷔페가 정말 맛있어.
B 맞아, 그런데 너무 비싸.
A 안양에 가격이 더 저렴한 곳이 있는데, 거기 맛있어.
B '올 유 캔 잇' 뷔페 말하는 거야? 거기는 싱겁고 맛없어!

'시장에서' 깎아달라는 말은 어떻게 할까?

1 That's too expensive. I'm on a (tight) budget!
너무 비싸요. 저는 예산이 빠듯해요!

2 What's the best price you can give me?
얼마나 싸게 주실 수 있나요? / 얼마까지 깎아주실 수 있나요?

3 $50 is my final offer. Take it or leave it.
50달러가 제가 최종적으로 드릴 수 있는 가격이에요.
이 가격으로 해주시든지 아니면 마세요.

Native's TIP!

시장에서 물건 가격을 깎아달라고 할 때, '예산이 빠듯해요'라는 표현은 I'm on a (tight) budget.이라고 쓸 수 있습니다. 그리고 '얼마나 깎아주실 수 있나요?'라고 물을 때는 best price 라는 표현을 사용해서 말하는데 '가장 좋은 가격'이란 구매자 입장에서는 곧 최저가를 의미하겠죠? 마지막으로 계속 깎아주지 않는 상점 주인에게 원하는 가격대를 직접 제안하면서 final offer라는 표현을 사용할 수 있습니다. 또한 Take it or leave it.이라는 표현을 써서 '이 가격으로 해주시든지 아니면 마세요'라고 할 수도 있습니다. 이 표현은 흥정하는 과정에서 상점 주인이 여러분에게도 쓸 수 있는 표현이니 잘 기억해 두세요.

🎲 Step 1 문장 익히기

10번 반복해서 큰 소리로 읽어보며 내 것으로 만듭니다.

- **$20? I'm sorry, but that's too expensive. I'm on a budget.** 20달러요? 죄송하지만, 너무 비싸요. 저는 예산이 빠듯해요.

- **What's the best price you can give me?**
  얼마까지 깎아주실 수 있나요?

- **$15 is my final offer. Take it or leave it.**
  15달러가 제가 최종적으로 드릴 수 있는 가격이에요. 이 가격으로 해주시든지 아니면 마세요.

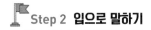

Step 2 입으로 말하기

3초 안에 영어로 나오지 않는다면 다시 STEP 1으로 돌아가 연습합니다.

○ 20달러요? 죄송하지만, 너무 비싸요. 저는 예산이 빠듯해요.

○ 얼마까지 깎아주실 수 있나요?

○ 15달러가 제가 최종적으로 드릴 수 있는 가격이에요. 이 가격으로 해주시든지 아니면 마세요.

 ## Step 3 실전 대화에서 연습하기

학습한 문장을 활용해 실전 대화 연습을 해 봅시다.

A How much for this?

B $50.

A $50? Wow, that's too expensive. I'm on a budget. How about $20?

B No, but I can sell it for $45.

A Hmm, that's still too expensive. What's the best price you can give me?

B $40. I can't go lower than that.

A $30 is my final offer. Take it or leave it.

A 이거 얼마예요?
B 50달러입니다.
A 50달러요? 와우, 너무 비싸요. 저는 예산이 빠듯해요. 20달러는 어떠세요?
B 안 돼요, 그렇지만 45달러에는 팔 수 있어요.
A 흠, 그래도 너무 비싸요. 얼마까지 깎아주실 수 있나요?
B 40달러요. 그 밑으로는 안 돼요.
A 30달러가 제가 드릴 수 있는 최종 가격이에요. 싫으면 마시고요.

'장례식장에서' 애도할 때 쓰는 표현으로는 무엇이 있을까?

1 **I'm sorry for your loss. / My deepest condolences to you and your family. / May she[he] rest in peace.**
삼가 조의를 표합니다. / 애도의 뜻을 표합니다. / 고인의 명복을 빕니다.

2 **I am blessed to have known such a beautiful person. He will be deeply missed.**
그런 멋진 사람을 알게 된 것은 제겐 축복이었어요. 그가 몹시 그리울 거예요.

3 **My thoughts (and prayers) are with you and your family.** 너와 네 가족을 위해 기도할게.

Native's TIP!

오늘은 조의를 표하는 말에 대해 배워보겠습니다. 고인에 대해 조의를 표할 때는 보통 고인에 대한 감사, 그리고 고인을 잃은 가족의 상실에 대해 공감하고 기도한다고 이야기하면 됩니다. 가장 기본적으로 I'm sorry for your loss.라고 조의를 표하는데요. 여기서 sorry는 '죄송하다'라는 의미가 아니라 상대가 상실로 인해 슬픔을 겪게 되어 '안되었다, 유감스럽다'라는 의미입니다. 조의를 표현한 후에는 마지막으로 이 어려운 상황을 잘 견딜 수 있도록 기도하겠다고 마무리하면 됩니다.

🎲 Step 1 문장 익히기

10번 반복해서 큰 소리로 읽어보며 내 것으로 만듭니다.

● **I'm really sorry for your loss. He was such a kind man.** 진심으로 애도의 뜻을 표합니다. 그분은 정말 마음이 따뜻한 분이셨어요.

● **I am blessed to have known such a beautiful woman. It breaks my heart to know she is gone.**
그녀와 같이 멋진 사람을 알게 된 것은 제겐 축복이었어요. 그녀가 떠났다니 너무 가슴이 아프네요.

● **My thoughts and prayers are with you and your family. If you need anything, please let me know.**
너와 네 가족을 위해 기도할게. 필요한 게 있으면, 말해줘.

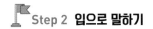
Step 2 입으로 말하기

3초 안에 영어로 나오지 않는다면 다시 STEP 1으로 돌아가 연습합니다.

- 진심으로 애도의 뜻을 표합니다. 그분은 정말 마음이 따뜻한 분이셨어요.

- 그녀와 같이 멋진 사람을 알게 된 것은 제겐 축복이었어요. 그녀가 떠났다니 너무 가슴이 아프네요.

- 너와 네 가족을 위해 기도할게. 필요한 게 있으면, 말해줘.

Step 3 실전 대화에서 연습하기

학습한 문장을 활용해 실전 대화 연습을 해 봅시다.

A Hi Suzy, I heard the bad news. I'm sorry for your loss.

B Thank you. It's a difficult time for my family and me, but we will get through this. Thank you for coming to the funeral.

A Yes, my thoughts are with you and your family. May she rest in peace.

B Thank you again.

A I am blessed to have known such a beautiful person. I was lucky to know her.

A 안녕하세요 수지 씨. 안 좋은 소식 들었어요. 삼가 조의를 표합니다.
B 감사합니다. 저와 저희 가족에게 힘든 시간이지만, 저희는 이겨낼 거예요. 장례식에 와주셔서 감사합니다.
A 네. 수지 씨와 수지 씨 가족을 위해 기도할게요. 고인의 명복을 빕니다.
B 다시 한번 더 감사드립니다.
A 그런 멋진 분을 알게 되어서 기뻤습니다. 그녀를 알게 되어 정말 운이 좋았어요.

'Thank you에 대한 답변'으로 You're welcome! 밖에 생각이 안 난다면?

1 **No worries. It's not a big deal.** 괜찮아. 별거 아니야.

2 **No, thank YOU. Without you, I would have struggled.**
아냐. 내가 더 고맙지. 네가 없었다면, 고군분투했을 거야.

3 **The pleasure is all mine.**
Call me anytime.
도움 줄 수 있어서 내가 오히려 기뻐. 언제든지 연락해.

Native's TIP!

　　Thank you.에 대한 답으로 '천만에요'라는 뜻의 You're welcome.과 Don't mention it. 외에도 다양한 표현이 있습니다. 우선 No worries.는 'worry(걱정)가 없다'라는 뜻으로 '괜찮다'는 말입니다. 또한 똑같이 Thank you.를 써서 답변하지만 you를 강조해서 No, thank YOU!라고 표현하면 '아냐, 내가 더 고맙지'라는 의미가 됩니다. you를 강조하지 않으면, 그냥 거절할 때 쓰는 '괜찮아요'라는 의미가 되니 주의해서 사용하세요. 마지막으로, 공식적인 자리에서도 쓸 수 있는 표현인 The pleasure is all mine.은 '제가 도움을 드려서 오히려 기쁘네요(즐겁네요)'라는 뜻입니다.

Step 1 문장 익히기

10번 반복해서 큰 소리로 읽어보며 내 것으로 만듭니다.

● **No worries. If you need me for anything else, let me know.** 괜찮아요. 제가 더 필요한 일이 있으면, 알려줘요.

● **No, thank YOU. I couldn't have done this without your help.** 아냐. 내가 더 고맙지. 너의 도움이 없었으면 이걸 해낼 수 없었을 거야.

● **The pleasure is all mine. I'm just happy that I could help a friend in need.**
도움을 드릴 수 있어 제가 더 즐거워요. 어려움에 처한 친구를 도와줄 수 있다니 그저 기쁘네요.

Step 2 입으로 말하기

3초 안에 영어로 나오지 않는다면 다시 STEP 1으로 돌아가 연습합니다.

● 괜찮아요. 제가 더 필요한 일이 있으면, 알려줘요.

● 아냐, 내가 더 고맙지. 너의 도움이 없었으면 이걸 해낼 수 없었을 거야.

● 도움을 드릴 수 있어 제가 더 즐거워요. 어려움에 처한 친구를 도와줄 수 있다니 그저 기쁘네요.

 ## Step 3 실전 대화에서 연습하기

학습한 문장을 활용해 실전 대화 연습을 해 봅시다. ⤷ can't thank you enough: 얼마나 고마운지 말로 다 표현할 수 없다

A **Hey, thanks again for today. I can't thank you enough.**

B **No worries. I had a lot of fun helping out anyways.**

A 저기, 오늘 다시 한번 더 고마워. 뭐라 고맙다는 말을 해야 할지 모르겠어.
B 괜찮아. 어쨌든 나도 도움 주면서 정말 즐거웠어.

A **Thank you for volunteering today. I hope it was as fun for you as it was for us.**

B **No, thank YOU. I had an incredible learning experience.**

A 오늘 자원봉사를 해줘서 고마웠어요. 저희가 즐거웠던 것처럼 당신도 즐거웠길 바랍니다.
B 아뇨, 제가 오히려 더 감사합니다. 정말 많은 것을 배울 수 있는 경험이었어요.

A **Thanks for singing at my wedding today. The performance was amazing.**

B **The pleasure was all mine. I really wanted to put on a good show for both of you.**

A 오늘 내 결혼식에서 노래해 줘서 고마워. 공연 너무 멋졌어.
B 내가 더 즐거웠어. 진심으로 너희 둘을 위해 좋은 공연을 해 주고 싶었어.

'칭찬할 때' 잘했다고 박수 치며 건넬 수 있는 말로 뭐가 좋을까?

1 Outstanding effort!
고생 많으셨어요!

2 You did splendidly.
아주 잘하셨어요.

3 You did really well on the presentation.
발표 정말 잘하셨어요.

Native's TIP!

누군가에게 잘했다고 칭찬하는 표현으로 가장 먼저 떠오르는 것이 Good job!일 텐데요. 그 외에도 자주 쓸 수 있는 동의어 표현으로 Outstanding effort!가 있습니다. 또한, '훌륭하게, 멋지게, 아주 잘'이라는 의미가 있는 splendidly라는 부사도 있는데요. do splendidly라고 하면 '아주 잘했다'라는 의미가 됩니다. 마지막으로, do really well은 '잘하다'의 의미인 do well과 강조 부사 really가 만나서 '아주 잘했다'라는 의미를 나타냅니다. well 뒤에 전치사 on을 붙여 무엇에 대해 잘했는지 구체적으로 칭찬할 수 있다는 것도 함께 알아 두세요.

🎲 Step 1 문장 익히기

10번 반복해서 큰 소리로 읽어보며 내 것으로 만듭니다.

● **Wow! You finished that quickly. Outstanding effort.**
와우! 그 일을 빨리 끝내셨네요. 고생 많으셨어요.

● **Your effort on the project was fantastic. You did splendidly.**
프로젝트 결과물이 굉장했어요. 아주 잘하셨어요.

● **You did really well on the presentation. I'll be letting the bosses know about your effort.**
발표 정말 잘하셨어요. 당신이 노력하신 것에 대해 제가 상사분께 말씀드릴게요.

Step 2 입으로 말하기

3초 안에 영어로 나오지 않는다면 다시 STEP 1으로 돌아가 연습합니다.

- 와우! 그 일을 빨리 끝내셨네요. 고생 많으셨어요.

- 프로젝트 결과물이 굉장했어요. 아주 잘하셨어요.

- 발표 정말 잘하셨어요. 당신이 노력하신 것에 대해 제가 상사분께 말씀드릴게요.

 ## Step 3 실전 대화에서 연습하기

학습한 문장을 활용해 실전 대화 연습을 해 봅시다.

A I'm so glad the project is finished. Outstanding effort, by the way. We couldn't have finished it without you.

B It wasn't just me. The whole team did splendidly.

A Yes, as a team, you all did really well on the presentation. I think it was a success!

B I'm so proud of my team. I look forward to the next project.

A 프로젝트가 끝나서 너무 기뻐요. 아무튼, 고생 많으셨어요. 당신이 없었으면 그 일을 끝낼 수 없었을 거예요.

B 저만 한 게 아니에요. 팀 전체가 다 아주 잘하신걸요.

A 맞아요. 팀 모두가 다 발표를 정말 잘했어요. 성공적인 것 같아요!

B 저희 팀이 너무 자랑스럽네요. 다음 프로젝트도 기대됩니다.

'연휴'를 즐겁게 보내기 위해 계획 중이라면 이 표현들을 알아 둬!

1 **Of course she can come. The more the merrier.**
물론 그녀가 와도 돼. 사람이 많으면 많을수록 더 즐겁잖아.

2 **I love sleeping over at my grandparents' house.**
난 할머니 할아버지 댁에서 자고 오는 거 좋아해.

3 **I can't wait for the holidays.**
I have itchy feet.
연휴까지 기다리기 힘들어. 여행 가고 싶어서 몸이 근질거려.

Native's TIP!

오늘은 연휴 관련 표현에 대해 배워보겠습니다. 우선, 연휴에 파티를 하는 경우, 누군가 친구를 데려와도 되는지 물을 때가 있을 겁니다. 이럴 때 '당연히 와도 된다'라고 허락하는 표현으로 The more the merrier. '사람이 많으면 많을수록 더 좋다.'라고 말할 수 있습니다. 놀다 보면 친구나 지인 집에서 하룻밤 자고 가게 되는 경우도 있죠? 이렇게 '하룻밤 자고 오다'라고 할 때는 sleep over라고 표현합니다. 마지막으로, 연휴에 '여행 가고 싶어서 몸이 근질근질하다'라는 표현은 itchy feet이라고 씁니다. 만약 친구가 I have[get] itchy feet.이라고 한다면 발이 간지럽다는 의미가 아니라 여행이 가고 싶다는 말임을 잘 기억하세요.

Step 1 문장 익히기

10번 반복해서 큰 소리로 읽어보며 내 것으로 만듭니다.

- **Let's all get together this Thanksgiving. The more the merrier, right?**
이번 추석 때 다 함께 모이자. 사람이 많으면 많을수록 더 즐겁고 좋잖아, 안 그래?

- **Hey mom, can I sleep over at Jay's house tonight?**
엄마, 오늘 밤에 제이네 집에서 자고 와도 되나요?

- **I have itchy feet these days. All I want to do is go abroad.** 요새 어디 가고 싶어서 몸이 근질거려. 외국에나 나갔으면 좋겠어.

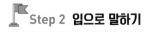

Step 2 입으로 말하기

3초 안에 영어로 나오지 않는다면 다시 STEP 1으로 돌아가 연습합니다.

- 이번 추석 때 다 함께 모이자. 사람이 많으면 많을수록 더 즐겁고 좋잖아, 안 그래?

- 엄마, 오늘 밤에 제이네 집에서 자고 와도 되나요?

- 요새 어디 가고 싶어서 몸이 근질거려. 외국에나 나갔으면 좋겠어.

 ## Step 3 실전 대화에서 연습하기

학습한 문장을 활용해 실전 대화 연습을 해 봅시다.

A Hey, can I bring my friend to the party?

B Sure, the more the merrier.

A I am really looking forward to this party. And are you sure we can sleep over? I don't want to cause you any trouble.

B No worries! I'm in such a good mood, and I really have the holiday spirit. Tomorrow I also fly to Jeju Island. So today let's party!

A Yeah, I know you have been getting itchy feet recently. I'm so jealous of you. You look so happy!

A 안녕, 나 파티에 친구를 데리고 가도 돼?

B 물론이야, 사람이 많으면 많을수록 더 즐겁고 좋지.

A 난 이 파티가 정말 기대돼. 그리고 우리가 진짜 자고 가도 돼? 난 너 곤란하게 만들고 싶지 않아.

B 괜찮아! 나 기분도 되게 좋고, 진짜 연휴 기분이 들어. 그리고 나 내일 제주도로 여행 가. 그러니 오늘은 함께 파티 하자!

A 그래. 난 최근에 네가 어딜 가고 싶어서 몸이 근질거리는 걸 알고 있었어. 너무 부럽다. 너 정말 행복해 보여!

'맞장구칠 때' 쓰는
표현들에 대해 알아볼까?

1 **I couldn't agree with you more.**
이보다 더 동의할 수는 없어. / 전적으로 동의해.

2 **I guess you're right.**
네 말이 맞는 것 같아.

3 **Tell me about it.**
내 말이 (그 말이야). / 무슨 말인지 잘 알아.

Native's TIP!

상대가 한 말에 대해 동의하는 표현으로 You're right.라는 말을 자주 사용하셨나요? 오늘은 상대의 말에 맞장구칠 때 쓰는 표현들에 대해 더 알아보겠습니다. 먼저, 상대가 한 말에 전적으로 동의하거나 공감할 때 I couldn't agree with you more.라는 표현을 쓸 수 있습니다. 이는 '당신에게 동의하지 않는다'라는 의미가 아니라, '이보다 더 동의할 수 없다', 즉 '전적으로 동의한다'라는 의미입니다. 이보다 조금 약하게 동의할 때는 I guess you're right. '네 말이 맞는 것 같아.'라는 표현을 사용할 수 있습니다. 마지막으로, Tell me about it.은 '내 말이 그 말이야', '무슨 말인지 잘 알아'라는 의미로, 상대의 말에 맞장구치며 나도 이미 경험해서 잘 알고 있다는 뉘앙스로 쓸 수 있는 표현입니다.

🎲 Step 1 문장 익히기

10번 반복해서 큰 소리로 읽어보며 내 것으로 만듭니다.

- **I couldn't agree with you more. But we still have to do what the boss says.**
  네 말에 전적으로 동의해. 그래도 우리는 상사가 말한 대로 해야 해.

- **As much as I don't want to agree, I guess you're right.**
  동의하고 싶지 않지만, 네 말이 맞는 것 같아.

- **Tell me about it! I'm so tired of working overtime as well.**
  내 말이! 나도 야근하는 거 너무 질려.

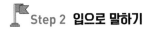

Step 2 입으로 말하기

3초 안에 영어로 나오지 않는다면 다시 STEP 1으로 돌아가 연습합니다.

● 네 말에 전적으로 동의해. 그래도 우리는 상사가 말한 대로 해야 해.

● 동의하고 싶지 않지만, 네 말이 맞는 것 같아.

● 내 말이! 나도 야근하는 거 너무 질려.

 ## Step 3 실전 대화에서 연습하기

학습한 문장을 활용해 실전 대화 연습을 해 봅시다.

A Oh my! Today is really hot!

B Tell me about it! I really hate summer. It's uncomfortable and humid.

A I couldn't agree with you more. That's why most people think spring is better than summer.

B I like autumn better, but I guess you're right.

A 오 세상에! 오늘 너무 더워!
B 내 말이! 나는 여름이 너무 싫어. 불편하고 습해.
A 네 말에 전적으로 동의해. 그래서 대부분의 사람들이 여름보다 봄이 더 낫다고 생각하는 거야.
B 나는 가을이 더 좋긴 하지만, 네 말이 맞는 것 같아.

'상대의 의견에 반대할 때'
No라고만 하지 말고
이 표현들을 알아 둬!

1 **I'm not so sure.** 난 잘 모르겠어.

2 **No way.** 아니야. / 말도 안 돼.

3 **I'm afraid I have to disagree (with you on that).**
유감스럽지만 (그 부분에) 동의할 수 없어요.

Native's TIP!

이번에는 상대방의 의견에 반대할 때 쓸 수 있는 표현들에 대해 알아보겠습니다. 우선, 상대가 한 말에 동의하지 않는다고 돌려서 말할 때 '난 잘 모르겠다'라는 의미로 I'm not so sure.라는 표현을 사용합니다. 두 번째 표현인 No way.는 좀 더 강한 반대 의사 표현으로, '말도 안 돼, 아니야'라는 의미입니다. 뿐만 아니라 상대가 하는 이야기가 말도 안 되게 놀라울 때도 쓸 수 있는데요. 한 가지 주의할 점은 No way.는 격식을 차리지 않는 표현이므로 편한 친구 사이에서 쓰는 것이 좋습니다. 마지막으로, I'm afraid I have to disagree (with you on that).는 '죄송합니다만 (그 부분에) 동의할 수 없습니다'라는 뜻으로 좀 더 정중하게 반대 의사를 표현할 때 쓸 수 있는 말입니다.

Step 1 문장 익히기

10번 반복해서 큰 소리로 읽어보며 내 것으로 만듭니다.

● **You think it's going to rain tomorrow? I'm not so sure.**
내일 비가 올 것 같다고? 난 잘 모르겠는데.

● **No way! Your team is going down.**
말도 안 돼! 너희 팀이 질 거야.

● **I understand what you are saying, but I'm afraid I have to disagree with you on that.**
네가 무슨 말을 하고 있는 건지 이해는 되는데, 유감스럽지만 난 그 부분에 동의할 수가 없어.

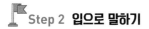

Step 2 입으로 말하기

3초 안에 영어로 나오지 않는다면 다시 STEP 1으로 돌아가 연습합니다.

- 내일 비가 올 것 같다고? 난 잘 모르겠는데.

- 말도 안 돼! 너희 팀이 질 거야.

- 네가 무슨 말을 하고 있는 건지 이해는 되는데, 유감스럽지만 난 그 부분에 동의할 수가 없어.

 ## Step 3 실전 대화에서 연습하기

학습한 문장을 활용해 실전 대화 연습을 해 봅시다.

A If I just eat one hamburger a day and nothing else, I will lose weight.

B Hmm, I'm not so sure. I think you need to rethink your diet plan.

A No way, a burger is just like a normal meal. It has meat, vegetables and carbohydrates.

B I'm afraid I have to disagree with you on that. It does have some nutrients, but it's still not healthy.

A 만약 내가 하루에 햄버거 하나만 먹고 다른 건 아무것도 안 먹으면, 살이 빠질 거야.

B 흠, 난 잘 모르겠어. 내 생각엔 너 다이어트 계획을 다시 생각해 봐야 할 것 같은데.

A 아냐, 햄버거는 정상적인 한 끼 식사와 똑같아. 고기, 야채 그리고 탄수화물이 들어 있잖아.

B 유감스럽지만 난 그 부분에 대해 동의하지 않아. 거기에 몇 가지 영양소가 들어 있긴 하지만, 그래도 건강에 좋은 음식은 아니야.

'노화'하면서 생기는 변화들에 대해선 어떻게 표현할까?

1 **Oh no! I'm getting crow's feet.**
오 안 돼! 눈가에 주름이 생기고 있어.

2 **Most people go grey in their 40s.**
대부분의 사람들은 40대에 머리가 허옇게 변해.

3 **He is over the hill, so he can't keep up with us.**
그는 이제 한물가서, 우리와 함께 가기 어려워.

Native's TIP!

나이가 들면서 생기는 변화를 영어로 어떻게 표현할 수 있을까요? 우선, 얼굴에 생기는 가장 큰 변화는 '주름'일 텐데요. 주름은 wrinkle이라고 하는데, 눈가의 주름을 나타낼 때는 재밌게도 crow's feet라고 표현합니다. '까마귀의 발'이라는 의미로, 웃을 때 까마귀의 발처럼 눈가에 잔주름이 생기는 것을 가리킵니다. 두 번째로, go grey[gray]는 여러분도 흔히 알고 있듯이 '머리가 희게 변하다' 라는 의미입니다. 마지막으로, over the hill은 인생의 전성기를 '언덕(hill)'에 빗대어 '전성기를 지난', 즉 '한물간, 퇴물이 된'이라는 뜻입니다.

Step 1 문장 익히기

10번 반복해서 큰 소리로 읽어보며 내 것으로 만듭니다.

● **I'm getting crow's feet. It's time I started buying better eye creams.**
나 눈가에 주름이 생기고 있어. 더 좋은 아이 크림을 사야 할 때가 왔나 봐.

● **He is going grey in his late twenties. Maybe because of stress.**
그는 20대 후반에 흰머리가 나고 있어. 아마도 스트레스 때문인가 봐.

● **I'm really sore from working out. I think I'm over the hill.** 나 운동해서 너무 아파. 이제 예전 같지 않은 것 같아.

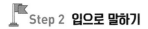

Step 2 입으로 말하기

3초 안에 영어로 나오지 않는다면 다시 STEP 1으로 돌아가 연습합니다.

- 나 눈가에 주름이 생기고 있어. 더 좋은 아이 크림을 사야 할 때가 왔나 봐.

- 그는 20대 후반에 흰머리가 나고 있어. 아마도 스트레스 때문인가 봐.

- 나 운동해서 너무 아파. 이제 예전 같지 않은 것 같아.

 ## Step 3 실전 대화에서 연습하기

학습한 문장을 활용해 실전 대화 연습을 해 봅시다.

A Happy birthday, and welcome to the 40s club. How does it feel?

B I'm a little sad. I'm already getting crow's feet. Any skin care product recommendations?

A Yeah, I'll tell you later. And I understand. I'm going grey. I guess we are getting old.

B Well, I'm not over the hill yet. I've still got some kick in me.

A 생일 축하해. 그리고 40대가 된 걸 환영해. 기분이 어때?
B 나 조금 슬퍼. 나 벌써 눈가에 주름 생기고 있어. 추천해 줄 만한 스킨케어 제품 있어?
A 응, 나중에 이야기해 줄게. 그리고 이해해. 난 흰머리가 나고 있어. 우리 늙어가고 있는 것 같아.
B 음, 난 아직 한물가진 않았어. 아직 기운이 좀 있거든.

'도시 생활'의 장단점을
말할 땐 이 표현들을 알아 둬!

1 **I want to live in a lively area.**
나는 활기찬 곳에서 살고 싶어.

2 **I need a break from the hustle and bustle of Sydney.**
난 시드니의 시끌벅적함에서 잠깐 벗어날 필요가 있어.

3 **The streets of Gangnam are packed on Friday nights.**
금요일 밤 강남 거리는 사람들로 꽉 차 있어.

Native's TIP!

오늘은 도시 생활에 대해 이야기해 보겠습니다. 우선 '도시 생활'은 영어로 urban life 또는 city life라고 합니다. 도시 생활은 교통이 굉장히 편리하고 활기차다는 장점이 있는데요. 이럴 때 '활기 넘치는'이란 의미의 형용사 lively를 사용해 표현할 수 있습니다. 또, '편리한'이란 의미의 convenient를 사용하여 convenient public transportation '편리한 대중교통' 등으로 표현할 수도 있습니다. 하지만, 사람들로 붐비고 차가 많아서 시끌벅적하기도 한데요. 이렇게 '시끌벅적함, 소란스러움'을 나타낼 때는 hustle and bustle이라고 합니다. 또한, '사람들로 꽉 찬'이라고 할 때는 packed를 쓰는데요. 사람뿐만 아니라 차나 물건이 많을 때도 사용할 수 있으니 기억해 두세요.

 Step 1 문장 익히기

10번 반복해서 큰 소리로 읽어보며 내 것으로 만듭니다.

● **Brisbane is a lively place, especially in Southbank.**
브리즈번은 활기 넘치는 곳이야, 특히 사우스뱅크 말이야.

● **Sometimes the hustle and bustle of New York is too much for me to handle.**
가끔 뉴욕의 혼잡과 소란스러움은 내가 감당하기에 너무 벅차.

● **Seoul is a packed city, but still beautiful. I love living here.** 서울은 혼잡한 도시지만, 여전히 아름다워. 난 여기서 사는 게 좋아.

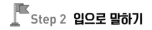

Step 2 입으로 말하기

3초 안에 영어로 나오지 않는다면 다시 STEP 1으로 돌아가 연습합니다.

◎ 브리즈번은 활기 넘치는 곳이야, 특히 사우스뱅크 말이야.

◎ 가끔 뉴욕의 혼잡과 소란스러움은 내가 감당하기에 너무 벅차.

◎ 서울은 혼잡한 도시지만, 여전히 아름다워. 난 여기서 사는 게 좋아.

 ## Step 3 실전 대화에서 연습하기

학습한 문장을 활용해 실전 대화 연습을 해 봅시다.

A Where should we go on our next vacation? How about Melbourne?

B I love Melbourne. It's so lively. But I've been there before, so I want to go somewhere new. How about Tokyo?

A The hustle and bustle of Tokyo is a bit overwhelming for me.

B Right, it does get packed during the holiday season. Then how about going to Thailand instead?

A 우리 다음 휴가로 어디 갈까? 멜버른 어때?
B 멜버른 좋지. 정말 활기 넘치는 곳이야. 그런데 난 전에 그곳에 가본 적이 있어서, 다른 새로운 곳에 가고 싶어. 도쿄 어때?
A 도쿄의 시끌벅적함은 나에게 조금 벅차.
B 맞아, 휴가철에는 정말 혼잡해. 그럼 대신 태국으로 가는 건 어때?

'전원생활'에 대해 이야기 나눌 때 쓸 수 있는 표현들을 알아보자!

1 **The Lockyer Valley is out in the sticks.**
로키어 밸리는 시골에 있어.

2 **I need some peace and quiet.**
Let's go to Sokcho.
난 평온함과 고요함이 필요해. 속초로 가자.

3 **I bushwalk from time to time to get some fresh air.**
난 때때로 신선한 공기를 마시기 위해 관목 지대를 하이킹하곤 해.

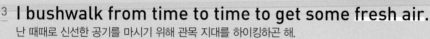

Native's TIP!

　도시 생활(city[urban] life)의 반대인 '전원생활'은 영어로 rural life 또는 country life라고 합니다. 먼저, out in the sticks라고 하면 '핵심에서 벗어나'라는 뜻으로, '시골에'라는 의미로도 쓸 수 있습니다. 복잡한 도시의 삶에 지칠 때 시골의 탁 트인 공간(open area)에서 맑고 신선한 공기(fresh air)를 마시면 저절로 힐링이 되곤 하는데요. 여기서 우리가 말하는 '힐링하다'는 콩글리시로, 영어에서 heal은 보통 '아픈 사람을 치유하다'라는 의미로 쓰입니다. 따라서 '힐링'을 우리가 생각하는 의미로 말하고자 한다면, R&R(Rest and Relaxation)이라고 표현하면 됩니다. 자연이 주는 평온함과 고요함(peace and quiet)에 집중하다 보면 잡념도 사라지겠죠?

🎲 Step 1 문장 익히기

10번 반복해서 큰 소리로 읽어보며 내 것으로 만듭니다.

● **Grandma lives out in the sticks. She's a country girl.**
할머니는 시골에 살고 계셔. 시골 소녀이시지.

● **Most people move to the countryside to get some peace and quiet.** 대부분의 사람들이 평온함과 고요함을 얻기 위해 시골로 이사해요.

● **I love walking through the countryside. It's great to get some fresh air.**
난 전원 속을 걷는 것을 좋아해. 신선한 공기를 마시는 게 너무 좋아.

3초 안에 영어로 나오지 않는다면 다시 STEP 1으로 돌아가 연습합니다.

- 할머니는 시골에 살고 계셔. 시골 소녀이시지.

- 대부분의 사람들이 평온함과 고요함을 얻기 위해 시골로 이사해요.

- 난 전원 속을 걷는 것을 좋아해. 신선한 공기를 마시는 게 너무 좋아.

 Step 3 **실전 대화에서 연습하기**

학습한 문장을 활용해 실전 대화 연습을 해 봅시다.

A Where did you live before you came to Seoul?

B I lived out in the sticks, really far from here.

A Oh, so in the countryside? I love the countryside. I need some peace and quiet these days.

B Yes, I especially miss the fresh air. Let's go together next time.

A 서울에 오기 전에 어디에 사셨어요?

B 저는 여기에서 상당히 멀리 떨어져 있는 시골에 살았어요.

A 아, 그럼 시골에서요? 저는 시골을 좋아해요. 요즘 평온함과 고요함이 필요해요.

B 네, 저는 특히 신선한 공기가 그리워요. 다음에 같이 가요.

'소문'으로 들은 얘기를
어떤 표현을 사용해
전하는 게 좋을까?

1 **I heard through the grapevine that they broke up.**
소문에 의하면 걔네들 헤어졌대.

2 **Rumor has it that he passed the exam.**
소문에 의하면 그가 시험에 합격했대.

3 **You'll never guess what I heard.**
내가 뭘 들었는지 넌 짐작조차 못 할 거야.

Native's TIP!

　오늘은 친구들과 만나면 빠질 수 없는 대화 소재인 소문에 대해 이야기할 때 쓰는 표현들을 배워보겠습니다. '소문으로 들었다'라고 할 때 쓸 수 있는 표현으로는 여러 가지가 있는데요. 우선, '~을 소문으로 듣다'라는 의미인 hear through[on] the grapevine that이 있는데요. 미국 19세기에 이곳저곳으로 소식을 나르던 전신줄의 모습이 grapevine(포도 덩굴)을 닮았다는 데서 유래한 표현입니다. 비슷한 표현으로, Rumor has it that ~이라고 말문을 시작하며 '소문에 의하면 ~'이라고 말할 수 있습니다. 마지막으로, You'll never guess what I heard.는 깜짝 놀라게 할 만한 소식을 전할 때 쓸 수 있는 표현으로, 자주 사용되는 표현이니 함께 익혀 두세요.

Step 1 문장 익히기

10번 반복해서 큰 소리로 읽어보며 내 것으로 만듭니다.

● **I heard through the grapevine that you are quitting!**
네가 그만둔다는 소문을 들었어!

● **Rumor has it that she is pregnant.**
소문에 의하면 그녀가 임신했다던데.

● **You'll never guess what I heard. Elsie is dating Ian.**
내가 무슨 얘기를 들었는지 넌 짐작도 못 할 거야. 엘시가 이안이랑 사귄대.

 **Step 2 입으로 말하기**

3초 안에 영어로 나오지 않는다면 다시 STEP 1으로 돌아가 연습합니다.

- 네가 그만둔다는 소문을 들었어.

- 소문에 의하면 그녀가 임신했다던데.

- 내가 무슨 얘기를 들었는지 넌 짐작도 못 할 거야. 엘시가 이안이랑 사귄대.

 Step 3 실전 대화에서 연습하기

학습한 문장을 활용해 실전 대화 연습을 해 봅시다.

A Hey, can you keep a secret? I heard through the grapevine that Sean is getting fired soon.

B Rumor has it that many people are getting fired.

A Oh, you'll never guess what else I heard. Chris is getting promoted.

B No way. This company must be going crazy.

A 야, 너 비밀 지킬 수 있어? 션이 곧 해고된다는 소문을 들었어.
B 소문에 의하면 많은 사람들이 해고당할 거래.
A 오, 내가 또 무슨 이야기를 들었는지 넌 짐작도 못 할 거야. 크리스가 승진할 거래.
B 말도 안 돼. 이 회사가 미쳐가고 있나 봐.

'결혼'과 관련된 표현으로
marry, propose밖에 모르겠다고?

1 **Has he popped the question yet?**
아직 그가 청혼 안 했어?

2 **We will tie the knot in the spring.**
우린 봄에 결혼할 예정이야.

3 **How about we elope?**
I hate big weddings.
우리 비밀 결혼하는 거 어때? 난 큰 규모의 결혼식은 싫어.

Native's TIP!

　　오늘은 결혼에 관한 표현을 배워볼 텐데요, 우선 결혼하기 전에 청혼부터 해야겠죠? 흔히 '청혼하다'라고 하면 propose라는 단어가 먼저 떠오를 테지만, pop the question도 자주 사용하는 표현입니다. 여기서 pop은 '갑작스럽게 말을 꺼내다'라는 의미로, 보통 청혼할 때 '나랑 결혼해줄래?' 하고 갑자기 질문하는 경우가 많기 때문에 생긴 표현이라 할 수 있습니다. 두 번째로, tie the knot라는 표현이 있는데요. '매듭을 묶다', 즉 '결혼하다'라는 의미입니다. 비슷한 표현인 get hitched도 '고리나 밧줄에 의해 걸리다'라는 의미로 '결혼하다'라는 뜻을 나타냅니다. 마지막으로, elope의 사전적 의미는 '남녀 둘이 눈이 맞아 도망가다'라고 되어 있는데요. 즉, '부모님의 동의 없이 몰래 결혼하다'라는 의미로, 서양에서는 이런 결혼 방식이 늘고 있는 추세라고 합니다.

🎲 Step 1 문장 익히기

　　10번 반복해서 큰 소리로 읽어보며 내 것으로 만듭니다.

● **He popped the question. It was so romantic.**
그가 청혼했어. 정말 로맨틱했어.

● **They tied the knot last year. They look so happy.**
그들은 작년에 결혼했어요. 둘이 너무 행복해 보여요.

● **They eloped last month. So their family isn't happy.**
걔네들 지난달에 비밀리에 결혼했대. 그래서 걔네 가족들 기분이 좋지 않아.

Step 2 입으로 말하기

3초 안에 영어로 나오지 않는다면 다시 STEP 1으로 돌아가 연습합니다.

- 그가 청혼했어. 정말 로맨틱했어.

- 그들은 작년에 결혼했어요. 둘이 너무 행복해 보여요.

- 걔네들 지난달에 비밀리에 결혼했대. 그래서 걔네 가족들 기분이 좋지 않아.

 ## Step 3 실전 대화에서 연습하기

학습한 문장을 활용해 실전 대화 연습을 해 봅시다.

A Has Tom popped the question yet?

B Can you keep a secret? We eloped last month.

A Oh my god. Congrats! Did you tell your parents?

B Not yet, but we told them we would tie the knot soon.

A 톰이 아직 청혼 안 했어?
B 비밀 지킬 수 있어? 우리 지난달에 비밀리에 결혼했어.
A 맙소사. 축하해! 너희 부모님께 말씀드렸어?
B 아직 안 했어. 근데 우리가 곧 결혼할 거라고는 말씀드렸어.

Speak Out!

((A. 한글의 의미에 맞게 큰 소리로 말해봅시다))

❶ 승진 축하해요. 당신은 그럴 만한 자격이 있어요.　　　　　Day 046

❷ 얼마나 싸게 주실 수 있나요?　　　　　Day 049

❸ 삼가 조의를 표합니다.　　　　　Day 050

❹ 제 말이 무슨 뜻인지 아시죠?　　　　　Day 042

❺ 아직 그가 청혼 안 했어?　　　　　Day 060

❻ 소문에 의하면 그가 시험에 합격했대.　　　　　Day 059

❼ 도움 줄 수 있어서 내가 오히려 기뻐.　　　　　Day 051

❽ 아주 잘하셨어요.　　　　　Day 052

❾ 사람이 많으면 많을수록 더 즐겁잖아.　　　　　Day 053

❿ (일을) 쉬엄쉬엄하세요. / 쉬세요.　　　　　Day 041

Answer

❶ Congratulations on your promotion. You deserve it.
❷ What's the best price you can give me?
❸ I'm sorry for your loss.
❹ You know what I mean?
❺ Has he popped the question yet?
❻ Rumor has it that he passed the exam.
❼ The pleasure is all mine.
❽ You did splendidly.
❾ The more the merrier.
❿ Take it easy.

A We are going to tie the knot in the spring.
저희 봄에 결혼해요.

B ❶ _____ .
결혼 축하해요, 두 분 모두에게 행운을 빌어요.

A I think ❷ _____ .
배우 해리는 한물간 것 같아.

B ❸ _____ .
난 잘 모르겠어.

A ❹ _____ , far from peace and quiet.
뉴욕은 평온함과 고요함과는 거리가 먼 시끌벅적한 도시야.

B ❺ _____ .
이보다 더 동의할 수는 없어.

A ❻ _____ . I want to take off right now!
여행 가고 싶어서 몸이 근질거려. 지금 당장 떠나고 싶어!

B ❼ _____ until the scorching hot summer's gone.
내가 너라면, 타는 듯이 더운 여름이 끝날 때까지 기다릴 거야.

A ❽ _____ , we were supposed to meet at a quarter to six.
진짜라니까, 우리 5시 45분에 만나기로 되어 있었어.

B ❾ _____ .
말도 안 돼.

Answer

❶ Congratulations, I wish the best for both of you
❷ the actor Harry is over the hill
❸ I'm not so sure
❹ New York is a city of the hustle and bustle
❺ I couldn't agree with you more

❻ I have itchy feet
❼ If I were you, I would wait
❽ Believe me
❾ No way

Day
061~080

Speak Out!

'느긋이 좀 쉬자'라고 할 때 rest 말고 다른 표현으로는 뭐가 있을까?

1 **Let's chill. It's too hot to go outside.**
좀 쉬자. 밖에 나가기엔 너무 덥다.

2 **Just kick back (and relax) and enjoy the movie!**
그냥 긴장 풀고 좀 쉬면서 영화를 즐겨!

3 **The doctor told me to take it easy.**
의사 선생님이 내게 좀 쉬라고 하셨어.

Native's TIP!

휴식이라고 하면 자주 떠오르는 relax, rest라는 표현 외에도 chill이 있습니다. chill은 명사로는 '냉기, 한기', 동사로는 '춥게 만들다, 음식을 차게 하다'라는 뜻이지만 '시간을 느긋하게 보내다'라는 의미도 있습니다. 나아가 'chillin'이라는 표현은 '휴식하기, 빈둥대기'라는 의미로 쓰인다는 것도 함께 알아 두세요. 두 번째로, kick back (and relax)은 의자에 비스듬히 기대 누워 편히 쉬는 모습을 상상하면 그 뜻을 이해하기 쉽습니다. 즉, '긴장을 풀고 쉬다'라는 의미입니다. 마지막으로, take it easy는 '진정해라, 쉬엄쉬엄해라'라는 뜻으로 '긴장을 풀고 쉬다'라는 의미로도 사용됩니다. 또는 헤어질 때 '잘 가, 또 만나자' 등의 의미로도 쓰이니 잘 익혀두고 때에 맞게 적절히 사용해 보세요.

Step 1 문장 익히기

10번 반복해서 큰 소리로 읽어보며 내 것으로 만듭니다.

● **I think I might chill instead of going out tonight.**
나는 오늘 밤에 나가서 노는 대신 느긋하게 쉴지도 몰라.

● **I can't wait to kick back and relax this weekend.**
난 빨리 이번 주말이 돼서 푹 쉬고 싶어.

● **I think you need to stay home and take it easy.**
내 생각에 너는 집에 머무르면서 좀 쉬어야 할 것 같아.

Step 2 입으로 말하기

3초 안에 영어로 나오지 않는다면 다시 STEP 1으로 돌아가 연습합니다.

● 나는 오늘 밤에 나가서 노는 대신 느긋하게 쉴지도 몰라.

● 난 빨리 이번 주말이 돼서 푹 쉬고 싶어.

● 내 생각에 너는 집에 머무르면서 좀 쉬어야 할 것 같아.

Step 3 실전 대화에서 연습하기

학습한 문장을 활용해 실전 대화 연습을 해 봅시다.

A How was your weekend?

B It was pretty chilled. How about you? Did you do much?

A No, the same with me. I just kicked back and relaxed. I had such a busy week.

B Sometimes it's best to take it easy.

A 주말 어땠어?
B 푹 쉬었어. 너는? 뭐 많이 했어?
A 아니, 나도 똑같아. 그냥 푹 쉬었어. 정말 바쁜 한 주였거든.
B 가끔은 편히 쉬는 게 최고야.

'바쁘다'라고 할 때 얼마나 바쁜지를 다양하게 표현해 볼까?

1 **This week has been terribly busy.**
이번 주는 몹시 바빴어.

2 **Work was flat out today.**
오늘 회사 일이 너무 바빴어.

3 **I have too much on my plate right now.**
냥상 할 일이 너무 많아.

Native's TIP!

외국인 친구나 동료에게 '나 너무 바빠'라고 말해야 할 땐 뭐라고 하는 게 좋을까요? I'm busy. 나 It's hectic.이 가장 먼저 떠오를 텐데요. 원어민들은 흔히 얼마나 바쁜지를 강조하기 위해 busy 앞에 '매우, 몹시, 대단히'라는 의미의 부사 very, so, terribly 등을 넣곤 합니다. 두 번째로, flat out은 호주에서 자주 쓰이는 슬랭으로 '매우 바쁜'이라는 뜻입니다. 보통 자동차 타이어가 펑크 나면 flat tire 라고 하는데요. 같은 맥락에서 flat out은 지쳐서 축 늘어져 있는 상태를 연상시키는 표현입니다. 마지막으로, have (got) too much[a lot/enough] on my plate는 직역하면 '내 접시에 뭐가 많다'라는 의미인데요. 말 그대로 '내가 처리해야 할 일이 너무 많다'라는 뜻입니다.

🎲 Step 1 문장 익히기

10번 반복해서 큰 소리로 읽어보며 내 것으로 만듭니다.

● **Sorry, I was terribly busy today. I didn't have time to answer your text.**
미안해. 오늘 정신없이 바빴어. 네 문자 메시지에 답할 시간도 없었어.

● **Jamie's day was flat out. She even missed lunch.**
제이미에게 정말 바쁜 하루였어. 그녀는 점심도 걸렀어.

● **I've had too much on my plate since I started my new job.** 새 직장에서 일을 시작한 후로 할 일이 너무 많아.

Step 2 입으로 말하기

3초 안에 영어로 나오지 않는다면 다시 STEP 1으로 돌아가 연습합니다.

◉ 미안해, 오늘 정신없이 바빴어. 네 문자 메시지에 답할 시간도 없었어.

◉ 제이미에게 정말 바쁜 하루였어. 그녀는 점심도 걸렀어.

◉ 새 직장에서 일을 시작한 후로 할 일이 너무 많아.

 ## Step 3 실전 대화에서 연습하기

학습한 문장을 활용해 실전 대화 연습을 해 봅시다.

A How is your new job? You look exhausted. You must be terribly busy!

B Yeah, this month has been flat out. I've barely slept.

A Don't push yourself too much; otherwise, you will burn out.

B I have too much on my plate until the end of the year.

A 새로운 직장은 어때? 너 지쳐 보여. 많이 바쁘구나!
B 응, 이번 달은 정신없이 바빠. 나 잠도 거의 못 잤어.
A 너무 무리하지 마, 안 그러면 너 기력이 다 소진될 거야.
B 나 올해 말까지는 할 일이 아주 많아.

'미안해'라는 말을 좀 더 다양하게 표현할 수는 없을까?

1 **I'm terribly[genuinely] sorry.**
정말 죄송합니다.

2 **Please forgive me.**
용서해 주세요.

3 **Oops, my bad.**
이이쿠 이틴, 세 실수예요. / (때에 따라) 미안해.

Native's TIP!

　　오늘은 사과할 때 쓰는 표현들을 알아볼까요? 원어민들은 정말 미안한 마음이 들 때 sorry 앞에 강조어인 really '진짜', truly '진심으로', terribly '몹시', awfully '정말, 몹시' 등을 써서 진심어린 사과를 건네곤 합니다. 형용사 terrible과 awful은 '끔찍한'이라는 의미를 가지고 있는데요. 부사의 경우, 둘 다 '(끔찍하게) 대단히, 몹시'라는 의미로, sorry와 함께 쓰일 경우엔 '정말 미안하다'라는 강조의 의미가 됩니다. Please forgive me.는 다소 격식을 갖춘 표현으로, 일상생활에서보다는 다소 무겁고 진지하게 사과를 해야 할 때 주로 사용됩니다. 마지막으로, my bad는 친한 사이에서 쓰는 표현으로, 가볍게 사과를 할 때도 사용되지만 주로 본인의 실수를 인정할 때 많이 씁니다.

🎲 Step 1 문장 익히기

　　10번 반복해서 큰 소리로 읽어보며 내 것으로 만듭니다.

● **I'm terribly sorry. I promise I won't be late again.**
정말 죄송합니다. 다시는 늦지 않을게요.

● **Please forgive me for hurting you. I was stupid.**
네 마음을 아프게 한 것 용서해 줘. 내가 바보였어.

● **Oh, I was wrong. My bad.**
앗, 내가 틀렸어. 미안해.

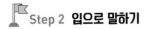

Step 2 입으로 말하기

3초 안에 영어로 나오지 않는다면 다시 STEP 1으로 돌아가 연습합니다.

● 정말 죄송합니다. 다시는 늦지 않을게요.

● 네 마음을 아프게 한 것 용서해 줘. 내가 바보였어.

● 앗, 내가 틀렸어. 미안해.

 Step 3 실전 대화에서 연습하기

학습한 문장을 활용해 실전 대화 연습을 해 봅시다.

A You have been late three times this week. This is unacceptable.

B I'm terribly sorry. It won't happen again.

A I don't think I can trust you anymore.

B Please forgive me. I have had a very difficult week.

A 당신 이번 주에 세 번이나 지각했어요. 이건 용납할 수 없어요.
B 정말 죄송합니다. 다시는 그런 일 없을 것입니다.
A 더 이상 당신을 믿을 수 없을 것 같아요.
B 용서해 주세요. 저 너무 힘든 한 주를 보내고 있어요.

A Did you bring the picnic mat?

B Ah! My bad. I forgot.

A 소풍용 돗자리 가져왔어?
B 앗! 미안해. 깜박했어.

'시험 기간'에 밤새워 벼락치기로 공부하는 건 어떻게 표현할 수 있을까?

1 **I need to cram for the test, or I'm going to fail.**
나 시험공부 벼락치기로 해야 할 것 같아. 안 그러면 난 시험을 망칠 거야.

2 **I pulled an all-nighter playing video games, which was a bad idea.** 나는 밤새 비디오 게임을 했어. 그것은 좋은 생각이 아니었지.

3 **I thought I was going to flunk the test, but actually I aced it.**
난 내가 시험을 망칠 줄 알았는데. 실제로는 시험을 잘 봤어.

Native's TIP!

시험 전날 급하게 벼락치기 한 경험이 한 번씩은 있을 겁니다. 이때 '벼락치기로 시험공부를 하다'라고 하려면, cram for a test라고 표현할 수 있습니다. 또, pull[do] an all-nighter라는 표현은 보통 '밤새워 무언가를 하다'라는 의미로 밤새 공부를 하거나 게임을 한다고 할 때 쓸 수 있습니다. 마지막으로, 동사 ace '이기다, 시험을 잘 보다'와 flunk '낙제하다, 시험에 떨어지다'를 사용하여, '시험을 잘 보다'는 ace a test, '시험을 못 보다'는 flunk a test로 표현할 수 있습니다.

🎲 Step 1 문장 익히기

10번 반복해서 큰 소리로 읽어보며 내 것으로 만듭니다.

● **My test is tomorrow, so I'm going to cram for the test all night.** 시험이 내일이라. 밤새 벼락치기 공부할 거야.

● **I pulled two all-nighters writing my thesis.**
나는 논문 쓰느라 이틀 밤을 새웠어.

● **I aced all my tests in primary school. However, in middle school, I flunked most of my tests.**
초등학교 때는 모든 시험을 잘 봤었어. 그런데. 중학교 때는 시험을 거의 다 망쳤어.

3초 안에 영어로 나오지 않는다면 다시 STEP 1으로 돌아가 연습합니다.

- 시험이 내일이라, 밤새 벼락치기 공부할 거야.

- 나는 논문 쓰느라 이틀 밤을 새웠어.

- 초등학교 때는 모든 시험을 잘 봤었어. 그런데, 중학교 때는 시험을 거의 다 망쳤어.

Step 3 **실전 대화에서 연습하기**

학습한 문장을 활용해 실전 대화 연습을 해 봅시다.

A I used to cram for all my tests in high school, but now I realized it wasn't a good idea.

B Yeah, I spent many semesters pulling all-nighters. I can't believe I did that.

A Did you ever flunk a test?

B No, I think I was quite a smart student. I aced all my tests in high school.

A 나는 고등학교 때 모든 시험을 벼락치기로 공부했었는데, 이제 그게 좋은 생각이 아니었다는 걸 깨달았어.
B 맞아, 나는 많은 학기 동안 밤새워서 공부했었어. 내가 그렇게 했다니 믿을 수가 없어.
A 시험 망친 적 있어?
B 아니, 난 꽤 똑똑한 학생이었던 것 같아. 고등학교 때 모든 시험을 잘 봤거든.

'작별 인사'를 상황에 맞게 다양한 표현들로 알아보자!

<u>1</u> **Catch you later.**
나중에 또 보자.

<u>2</u> **Don't be a stranger.**
(낯선 사이가 되지 말고) 연락하고 지내자.

<u>3</u> **All the best.**
(작별 인사나 편지 마무리 인사를 할 때) 안녕히 계세요.

Native's TIP!

서로 즐겁게 만난 후 헤어질 때는 흔히 Good bye. 또는 See you later.라고 인사하죠? 이 외에도 원어민들이 작별 인사를 할 때 자주 쓰는 표현으로 Catch you later., Don't be a stranger.가 있습니다. Catch you later.는 See you later.와 비슷한 의미로, 격의 없는 관계에서 쓰이는 표현이며 '나중에 또 보자'라는 의미입니다. 반면에 Don't be a stranger.는 퇴사나 졸업을 하는 상황에서 한동안 보지 못할 사람에게 '모르는 척하지 말고 연락하고 지내자'라는 뜻으로 쓰입니다. 마지막으로, '안녕히 계세요'라는 의미의 All the best.도 오랫동안 못 볼 사람에게 하는 작별 인사로, '좋은 일만 있기를 바랍니다'라는 의미를 나타냅니다. 주로 편지에서 마무리 인사를 할 때 자주 쓰이는 표현입니다.

🎲 Step 1 문장 익히기

10번 반복해서 큰 소리로 읽어보며 내 것으로 만듭니다.

● **I have to leave now. I'll catch you later.**
나 지금 가야 해. 나중에 또 보자.

● **Good luck overseas and don't be a stranger.**
외국에서 잘되길 빌고 연락하고 지내자.

● **All the best. Maybe we will see each other in the future.**
모든 일이 잘되길 바랍니다. 아마 훗날 우리 만날지도 몰라요.

Step 2 입으로 말하기

3초 안에 영어로 나오지 않는다면 다시 STEP 1으로 돌아가 연습합니다.

● 나 지금 가야 해. 나중에 또 보자.

● 외국에서 잘되길 빌고 연락하고 지내자.

● 모든 일이 잘되길 바랍니다. 아마 훗날 우리 만날지도 몰라요.

 ## Step 3 실전 대화에서 연습하기

학습한 문장을 활용해 실전 대화 연습을 해 봅시다.

A It was great to meet you. I had a lot of fun. All the best.

B Let's not say goodbye. Let's say, "I'll catch you later."

A Sure. Don't be a stranger! If you are in town, please contact me.

B You've got it!

A 만나서 반가웠어요. 너무 즐거웠어요. 모든 일이 잘되길 바랄게요.
B 안녕이라고 말하지 맙시다. "나중에 또 보자"라고 얘기합시다.
A 좋아요. 연락하고 지내요! 시내에 오시면, 꼭 연락 주세요.
B 알겠어요!

'전화로 미리 예약할 때' 이 표현들만 알면 문제없다!

1 Can I book a table for Friday night, seven-thirty, please?
금요일 밤 7시 30분에 자리 예약 가능할까요?

2 I'd like to make an appointment with Dr. June. Is 5 p.m. okay?
준 선생님으로 예약을 잡고 싶은데요. 오후 5시 괜찮을까요?

3 Do I have to make a reservation in advance?
미리 예약을 해야 하나요?

Native's TIP!

상점이나 병원 등에 가기 전에 전화로 미리 예약을 하는 방법에 대해 알아보도록 하겠습니다. 우선 식당에서 자리를 예약하고자 할 때는 Can I book a table for + 날짜[시간/인원수], please? 라고 물어보면 됩니다. 또 식당뿐만 아니라 병원이나 미용실 예약을 하고 싶을 때는 Can I make an appointment for + 날짜[시간/목적], please? 또는 I'd like to make an appointment with[to see] + 사람.이라고 말하며 예약하면 됩니다. 마지막으로, 미리 예약을 해야 하는지의 여부를 물을 때는 Do I have[need] to make a reservation in advance?라고 문의할 수 있습니다. 예약을 해야 한다고 답하면 앞에서 배운 표현을 활용해서 자신 있게 예약해 보세요.

🎲 Step 1 문장 익히기

10번 반복해서 큰 소리로 읽어보며 내 것으로 만듭니다.

● **Hello. Can I book a table for three, please?**
안녕하세요. 세 명 자리 예약이 가능할까요?

● **I'd like to make an appointment with Dr. Kim. Is he available today?** 김 선생님으로 예약하고 싶은데요. 오늘 가능할까요?

● **Do I have to make a reservation in advance? Or can I just come in?** 미리 예약해야 하나요? 아니면 그냥 들어가도 되나요?

Step 2 입으로 말하기

3초 안에 영어로 나오지 않는다면 다시 STEP 1으로 돌아가 연습합니다.

- 안녕하세요. 세 명 자리 예약이 가능할까요?

- 김 선생님으로 예약하고 싶은데요. 오늘 가능할까요?

- 미리 예약해야 하나요? 아니면 그냥 들어가도 되나요?

 ## Step 3 실전 대화에서 연습하기

학습한 문장을 활용해 실전 대화 연습을 해 봅시다.

A Good morning. Can I book a haircut for Jo, please? Sometime in the afternoon would be great.

B Sure, how does 3 p.m. sound?

A Sounds great. Also, I'd like to make an appointment with Jessica. She is a great manicurist.

B Unfortunately, she is fully booked today. Is tomorrow okay?

A 좋은 아침이에요. 조 이름으로 머리 자르는 것 예약할 수 있나요? 오후면 아무 때나 좋을 것 같아요.
B 네, 오후 3시 괜찮으세요?
A 좋네요. 그리고, 제시카 씨에게도 예약하고 싶어요. 손 관리를 참 잘해 주시거든요.
B 안타깝지만, 오늘 그분은 이미 다 예약이 차서요. 내일 괜찮으세요?

A Do you have a reservation?

B I'm sorry, I don't. Do I need to make a reservation in advance?

A 예약하셨나요?
B 죄송해요. 예약 안 했어요. 미리 예약을 해야 하는 건가요?

'추측할 때' 말머리를 어떻게
시작해야 할지 몰라 고민이라면?

1 **If I have to take a guess, he looks 50.**
짐작을 해 보자면, 그는 50살로 보여요.

2 **My guesstimate is $200.**
제 짐작으로는 200달러인 것 같아요.

3 **I'm going to take a stab in the dark and say you're a doctor.**
제가 추측해 보자면 당신은 의사이신 것 같아요.

Native's TIP!

뭔가 정확하지는 않은데 추측으로 짐작하는 내용에 대해 말할 땐 보통 '내가 추측을 해 보자면', '내 짐작으로는' 하고 대화를 시작할 텐데요. 이럴 때 쓸 수 있는 말로 If I have to take a guess ~라는 표현이 있습니다. 이 표현을 문장 서두에 쓰고, 그 이후에 짐작한 내용을 말하면 됩니다. 두 번째로, My guesstimate is ~의 guesstimate은 '어림짐작, 추정'을 의미하는 명사로, [게스트메잇]이 아닌 [게스트멋]이라고 발음합니다. 따라서 이 표현도 '제가 짐작하건대'라는 의미로 쓰일 수 있습니다. 마지막으로, a stab in the dark라는 표현은 '어둠 속에서 칼로 찌르기'라는 뜻으로, 흔히 '억측, 근거 없는 추측에 의한 행동'을 의미합니다. 어두운 곳에서 무언가를 찌르려고 하면 조준하기 어렵고 정확성도 떨어지겠죠? 이런 맥락에서 '추측'이라는 의미로 사용될 수 있습니다.

🎲 Step 1 문장 익히기

10번 반복해서 큰 소리로 읽어보며 내 것으로 만듭니다.

● **If I have to take a guess, I think he is about 50.**
짐작해 보면, 그는 50살 정도인 것 같아요.

● **My guesstimate is that this photo is over 100 years old.** 제 짐작으로 이 사진은 100년 이상 된 것 같아요.

● **I'm going to take a stab in the dark and say he is about 178cm.** 내가 추측해 보자면 그는 키가 178cm 정도야.

Step 2 입으로 말하기

3초 안에 영어로 나오지 않는다면 다시 STEP 1으로 돌아가 연습합니다.

- 짐작해 보면, 그는 50살 정도인 것 같아요.

- 제 짐작으로 이 사진은 100년 이상 된 것 같아요.

- 내가 추측해 보자면 그는 키가 178cm 정도야.

Step 3 실전 대화에서 연습하기

학습한 문장을 활용해 실전 대화 연습을 해 봅시다.

A How old do you think he is?

B Hmmm, if I have to take a guess, maybe he is in his early 30's.

A Really? My guesstimate was early 40's.

B Well, if I take another stab in the dark, maybe late 30's?

A 그는 몇 살인 것 같아?
B 흠, 짐작해 보자면, 그는 아마 30대 초반인 것 같아.
A 진짜? 내 짐작으로는 40대 초반 같았어.
B 글쎄, 다시 추측해 보자면, 아마 30대 후반?

'기억'과 관련한 표현으로
remember 말고 다른 표현은 없을까?

1 **Does this photo ring a bell?**
이 사진 기억나?

2 **Her name is on the tip of my tongue.**
그녀의 이름이 생각이 날 듯 말 듯 해.

3 **Off the top of my head, it costs about $100.**
당장 기억나는 건, 그게 약 100달러 정도인 것 같아.

Native's TIP!

　　오늘은 '기억나다', '기억날 듯하다' 등의 표현들을 배워보도록 하겠습니다. 우선, '기억나?' 하고 물어볼 때 쓸 수 있는 표현으로는 ring a bell이 있습니다. 이는 어디선가 듣거나 본 것 같을 때 쓸 수 있는 표현입니다. 이 표현은 초인종이나 벨을 눌러서 누군가의 주의를 환기하는 데에서 유래된 표현이라고 알려져 있습니다. 그러므로 ring a bell이 의문문으로 사용될 때는 '들어봤니?', '본 적 있어?' 등의 의미로 사용된다는 점을 기억하세요. 두 번째로, 기억이 날 듯한데 안타깝게도 머릿속이나 입 안에서만 맴도는 경우가 있죠? 이럴 때는 on the tip of my tongue이라고 할 수 있습니다. 마지막으로, off the top of my head는 깊이 생각한 것이 아닌 '당장 머리에 떠오르는 대로'라는 의미로, 문장 서두에 쓰이면 '당장 머리에 떠오른 것은'이라는 의미가 됩니다.

Step 1 문장 익히기

10번 반복해서 큰 소리로 읽어보며 내 것으로 만듭니다.

● **His name rings a bell, but I can't remember what he looks like.** 그의 이름은 기억나는데, 그가 어떻게 생겼는지는 기억이 안 나.

● **What's the name of that thing? ARGH! It's on the tip of my tongue.** 그거 이름이 뭐였지? 으악! 기억이 날 듯 말 듯 해.

● **I can't think of any examples off the top of my head.**
당장 머릿속에 떠오르는 예시가 아무것도 없어.

Step 2 입으로 말하기

3초 안에 영어로 나오지 않는다면 다시 STEP 1으로 돌아가 연습합니다.

● 그의 이름은 기억나는데, 그가 어떻게 생겼는지는 기억이 안 나.

● 그거 이름이 뭐였지? 으악! 기억이 날 듯 말 듯 해.

● 당장 머릿속에 떠오르는 예시가 아무것도 없어.

Step 3 실전 대화에서 연습하기

학습한 문장을 활용해 실전 대화 연습을 해 봅시다.

A Doesn't she look familiar to you?

B Oh yeah, her face rings a bell, but what's her name?

A It's on the tip of my tongue.

B Off the top of my head, I think it starts with an "M."

A 그녀가 낯익어 보이지 않나요?
B 네, 얼굴은 기억이 나는데, 그녀의 이름이 뭐죠?
A 이름이 생각 날 듯 말 듯 해요.
B 당장 떠오르는 생각으로는, 이름이 "M"으로 시작하는 것 같아요.

'다시 한번 생각해 볼게'라고
할 땐 이렇게 말해 봐!

1 **She's having second thoughts about going to a movie.**
그녀가 영화 보러 가는 것에 대해 다시 생각해 보고 있어.

2 **Now that I think about it, it makes sense.**
지금 (다시) 생각해 보니, 그거 말이 되는군요.

3 **I need to sleep on it, is that okay?**
제가 하룻밤 자면서 충분히 생각해 봐야겠어요, 괜찮죠?

Native's TIP!

'다시 한번 생각해 볼게'라는 표현은 영어로 어떻게 하면 될까요? 우선 have second thoughts 라는 표현이 있는데요. 직역하면 '두 번째의[또 한 번의] 생각을 가지다'라는 의미로, 무언가에 대해 다시 생각해 보니 이전과 생각이 달라지는 경우, 이미 말했거나 결정한 내용을 변경하고자 할 때 사용하는 표현입니다. 또한, Now that I think about ~이라는 표현도 '지금 (다시) 생각해 보니'라는 의미로, 보통 말의 서두에 쓰입니다. 마지막으로, sleep on ~이라는 표현은 '~에 대해 하룻밤 자면서 충분히 생각해 보다'라는 의미입니다. 뭔가를 당장 결정하기 어려운 경우 하룻밤 정도 자며 더 곰곰이 생각해 보겠다고 할 때 이 표현을 사용할 수 있습니다.

Step 1 문장 익히기

10번 반복해서 큰 소리로 읽어보며 내 것으로 만듭니다.

● **I'm having second thoughts about my decision.**
내 결정에 대해서 다시 생각해 보고 있어.

● **Now that I think about it, he did come to the party.**
지금 다시 생각해 보니, 그가 파티에 오기는 했어.

● **I will sleep on it and let you know tomorrow.**
하룻밤 자면서 충분히 생각해 보고 내일 알려 줄게.

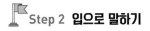

Step 2 입으로 말하기

3초 안에 영어로 나오지 않는다면 다시 STEP 1으로 돌아가 연습합니다.

- 내 결정에 대해서 다시 생각해 보고 있어.

- 지금 다시 생각해 보니, 그가 파티에 오기는 했어.

- 하룻밤 자면서 충분히 생각해 보고 내일 알려 줄게.

 Step 3 실전 대화에서 연습하기

학습한 문장을 활용해 실전 대화 연습을 해 봅시다.

A Have you decided what you are going to do?

B I slept on it, but I still don't know.

A It looks like you are having second thoughts.

B Yeah, a little. But now that I think about it, I have made my final decision.

A 너는 무엇을 할지 결정했어?
B 하룻밤 자면서 생각해 봤는데, 아직 모르겠어.
A 네 마음을 바꾸는 것 같아 보이는데.
B 응, 조금. 근데 지금 생각해 보니, 나 최종 결정 내렸어.

'재능, 소질 있다'라는 말은 영어로 어떻게 할까?

1 **My son has a knack for baseball.**
내 아들은 야구에 재능이 있어.

2 **Driving is second nature to me.**
운전은 나에게 몸에 밴 듯 자연스러운 일이야.

3 **She has a good eye for detail.**
그녀는 세세한 것을 보는 안목이 있어.

Native's TIP!

오늘은 상대방이 가진 능력이나 소질에 대해 묘사할 때 많이 쓰는 be good at ~ 외에 다양한 표현들을 배워보겠습니다. 우선, '~에 소질이 있다, 재능이 있다'라고 말할 때는 have a knack for ~라고 합니다. 여기서 knack은 '타고난 재주'라는 뜻을 지닙니다. second nature라는 구문도 자주 쓰는 표현인데요. '제2의 천성'이라는 의미로, '몸에 밴 것처럼 굉장히 자연스러운 것'을 나타냅니다. 마지막으로, have a good eye[ear] for ~는 직역하면 '~에 좋은 눈[귀]을 가지다', 즉 '안목이 좋다, 안목이 뛰어나다'라는 의미로 쓸 수 있습니다. 둘은 약간의 차이점이 있는데요. 우선 have a good eye for ~라고 하면 뭔가를 잘 알아차리거나 판단이 빠를 때 주로 쓰고, have a good ear for ~라고 하면 귀로 듣는 음악이나 언어를 잘 이해할 때 쓴다는 점을 함께 알아 두세요.

🎲 Step 1 문장 익히기

10번 반복해서 큰 소리로 읽어보며 내 것으로 만듭니다.

● **She has always had a knack for music. She is so talented.** 그녀는 항상 음악에 소질이 있었어. 매우 재능이 있어.

● **Once you learn how to ride a bike, it becomes second nature.** 일단 자전거 타는 법을 배우면, 그건 몸에 배게 돼 있어.

● **She has a good eye for make-up. No wonder she is a famous YouTuber.**
그녀는 화장품에 대한 탁월한 안목이 있어. 그녀가 유명한 유튜버라는 사실이 놀랍지 않아.

Step 2 입으로 말하기

3초 안에 영어로 나오지 않는다면 다시 STEP 1으로 돌아가 연습합니다.

- 그녀는 항상 음악에 소질이 있었어. 매우 재능이 있어.

- 일단 자전거 타는 법을 배우면, 그건 몸에 배게 돼 있어.

- 그녀는 화장품에 대한 탁월한 안목이 있어. 그녀가 유명한 유튜버라는 사실이 놀랍지 않아.

Step 3 실전 대화에서 연습하기

학습한 문장을 활용해 실전 대화 연습을 해 봅시다.

A Wow, how long have you played the piano? It seems like second nature to you.

B I've only been playing for 2 years.

A It seems like you have a knack for musical instruments.

B Thanks. Since I was young, I've had a good ear for music.

A 와우, 너 피아노 얼마나 쳤어? 몸에 밴 것 같아 보이는데.
B 2년밖에 안 쳤어.
A 너는 악기에 소질이 있는 것 같아.
B 고마워. 난 어렸을 때부터, 음악에 대한 뛰어난 감각이 있었어.

'연락할게'라고 말하고 싶은데 call밖에 생각이 안 난다고?

1 **I've been trying to get (a) hold of you all day!**
나 오늘 하루 종일 너한테 연락했었어!

2 **Give me a buzz when you're in town.**
시내에 오면 나에게 연락 줘.

3 **I haven't been in touch with him in ages.**
난 그와 연락한 지 꽤 오래됐어.

Native's TIP!

오늘은 연락을 주고받을 때 쓰는 표현들에 대해 알아볼까요? 우선, '~에게 연락하다'라고 할 때는 get (a) hold of ~, give ~ a buzz, be[get] in touch with ~라고 말할 수 있습니다. 이때 get (a) hold of ~는 용건이 있을 때 '연락이 닿다'라는 뉘앙스로 쓰입니다. 그렇다면 '연락 줘'라는 말은 어떻게 할까요? 보통 전화로 연락하기 때문에 give me a buzz[bell/call]라고 표현합니다. 연락을 하다 보면 답변이 안 오는 경우도 있죠? 예를 들어, 상대가 내 문자 메시지를 확인하고도 답을 주지 않는다면 leave me on read라고 표현합니다. 여기서 read는 과거분사형인 [레드]로 읽는다는 것에 주의하세요. 또, 갑자기 자취를 감춰 연락이 안 되는 사람을 ghost라고 표현한다는 것도 함께 기억해 두시기 바랍니다.

🎲 Step 1 문장 익히기

10번 반복해서 큰 소리로 읽어보며 내 것으로 만듭니다.

- **Did you get a hold of Hope? She is really busy this week.** 호프랑 연락 됐어? 그녀는 이번 주에 진짜 바빠.

- **When I find out more information, I'll give you a buzz.**
내가 정보를 더 찾으면, 너에게 연락해 줄게.

- **Diana, I'm sure the team will be in touch with you shortly.** 다이애나, 틀림없이 곧 그 팀이 네게 연락할 거야.

3초 안에 영어로 나오지 않는다면 다시 STEP 1으로 돌아가 연습합니다.

- 호프랑 연락 됐어? 그녀는 이번 주에 진짜 바빠.

- 내가 정보를 더 찾으면, 너에게 연락해 줄게.

- 다이애나, 틀림없이 곧 그 팀이 네게 연락할 거야.

Step 3 **실전 대화에서 연습하기**

학습한 문장을 활용해 실전 대화 연습을 해 봅시다.

A Hello. I'm trying to get a hold of Jessica. Is she there?

B I'm sorry, she is out at the moment. I'll tell her to give you a buzz when she gets back.

A That's okay. Tell her I will be in touch with her tomorrow.

B Okay, no problem. Goodbye.

A 안녕하세요. 제시카 씨와 연락이 닿으려고 애쓰는 중인데요. 혹시 계시나요?
B 죄송해요. 지금은 자리를 비우셨어요. 돌아오면 연락하라고 전해 드릴게요.
A 괜찮아요. 그녀에게 제가 내일 연락할 거라고 전해 주세요.
B 네, 알겠습니다. 들어가세요.

'비밀 얘기를 할 때' 쓸 수 있는 표현에 대해 알아볼까?

1 **Can you keep a secret?**
비밀 지킬 수 있어?

2 **I almost spilt the beans!**
나 비밀을 거의 말해 버릴 뻔했어!

3 **Don't worry. My lips are sealed.**
걱정 마. 입 꼭 다물게. / 아무한테도 말 안 할게.

Native's TIP!

친구에게 비밀 이야기를 할 때 비밀을 꼭 지켜달라고 부탁할 때가 있죠? 이때 '비밀을 지키다'는 keep a secret이라고 합니다. 그러나 가끔씩 약속을 깜빡하고 비밀을 무심코 말해 버리는 경우가 있는데요. 이때는 '쏟다'라는 뜻의 동사 spill을 사용하여 spill the beans '비밀 따위를 무심코 말해 버리다'라고 표현합니다. 고대 그리스에서 찬반 투표를 할 때 흰콩과 검은콩을 사용했는데, 개표 전에 콩이 든 단지를 쏟으면 결과가 누설된다는 것에서 유래된 표현이라고 하네요. 마지막으로, '비밀을 아무한테도 말하지 않고 꼭 지키겠다'라고 다짐하는 표현이 있는데요. 바로 My lips are sealed.입니다. seal은 '봉하다, 봉쇄하다'라는 의미의 동사로, 입을 봉해 버렸으니 절대 얘기하지 않겠다고 상대방을 안심시키는 말이 되겠죠?

🎲 Step 1 문장 익히기

10번 반복해서 큰 소리로 읽어보며 내 것으로 만듭니다.

● **Don't tell him anything. He never keeps a secret.**
그에겐 아무것도 말하면 안 돼. 그는 절대 비밀을 지키지 않아.

● **Brendan spilt the beans about the big news.**
브렌단이 그 엄청난 소식에 대한 비밀을 말해 버렸어.

● **He said his lips are sealed, but he lied.**
그가 입 꼭 다물겠다고 했는데, 거짓말을 한 거였어.

Step 2 입으로 말하기

3초 안에 영어로 나오지 않는다면 다시 STEP 1으로 돌아가 연습합니다.

- 그에겐 아무것도 말하면 안 돼. 그는 절대 비밀을 지키지 않아.

- 브렌단이 그 엄청난 소식에 대한 비밀을 말해 버렸어.

- 그가 입 꾹 다물겠다고 했는데, 거짓말을 한 거였어.

Step 3 실전 대화에서 연습하기

학습한 문장을 활용해 실전 대화 연습을 해 봅시다.

A Henry, can you keep a secret?

B Sure, my lips are sealed. What is it?

A I'm quitting work soon.

B Oh wow, that's big news. I promise I won't spill the beans.

A 헨리, 너 비밀 지킬 수 있어?
B 당연하지, 나 입 꼭 다물게. 뭔데?
A 나 곧 일을 그만둘 거야.
B 와, 엄청난 소식인데. 나 비밀 말하지 않는다고 약속할게.

'건강'과 관련된 표현은 어떤 것들이 있을까?

1 **Four hundred more confirmed cases were reported.**
400명 이상의 확진자가 보고되었습니다.

2 **He didn't self-quarantine, so everyone is worried.**
그가 자가격리를 안 해서, 모두 걱정하고 있어.

3 **Stay home and stay healthy.**
집에 머물고 건강하게 지내.

Native's TIP!

오늘은 코로나바이러스와 관련된 표현들을 알아보겠습니다. 코로나바이러스의 정확한 명칭은 coronavirus 또는 COVID-19입니다. '코로나 확진자'는 confirmed case 또는 case라고 합니다. 확진자와 접촉하거나 접촉 의심이 되는 사람들은 2주간 '자가격리'를 해야 하는데요. 이때 동사 self-quarantine을 사용하여 '자가격리를 하다'라고 하거나, self-isolate '자가격리를 하다', in quarantine '격리되어'라고 표현할 수 있습니다. 한편 바이러스가 빠르게 확산될 때는 social distancing '사회적 거리 두기'가 시행되며, 코로나바이러스가 발병한 이후 동료나 가족, 친구들에게 가장 흔히 하는 말은 stay home and stay healthy '집에 머물고 건강하게 지내라'가 되었습니다.

🎲 Step 1 문장 익히기

10번 반복해서 큰 소리로 읽어보며 내 것으로 만듭니다.

● **There have been several new confirmed cases in Seoul. It's a disaster!** 서울에서 신규 확진자가 더 나왔어. 이건 재앙이야!

● **After coming back from holiday, I had to self-quarantine for 2 weeks.** 휴가 갔다 와서, 난 2주 동안 자가격리를 해야 했어.

● **Please take care of yourself. Stay home and stay healthy. Let's stay positive!**
부디 몸조심하고. 집에 머물고 건강하게 지내. 우리 긍정적으로 생각하자!

Step 2 입으로 말하기

3초 안에 영어로 나오지 않는다면 다시 STEP 1으로 돌아가 연습합니다.

◦ 서울에서 신규 확진자가 더 나왔어. 이건 재앙이야!

◦ 휴가 갔다 와서, 난 2주 동안 자가격리를 해야 했어.

◦ 부디 몸조심하고. 집에 머물고 건강하게 지내. 우리 긍정적으로 생각하자!

Step 3 실전 대화에서 연습하기

학습한 문장을 활용해 실전 대화 연습을 해 봅시다.

A I heard there are 100 COVID-19 cases just this week, and 20 of them are in quarantine right now.

B Oh my! What can we do to prevent this thing from spreading?

A Avoid crowded places and enclosed spaces. It's better to just stay at home.

B I'm tired of staying at home. But I guess it's the only way to keep social distancing.

A Yeah, it's better to be safe than sorry. Stay home and stay healthy!

↳ better (to be) safe than sorry: 나중에 후회하는 것보다 조심하는 것이 낫다

A 이번 주만 해도 코로나바이러스 확진자가 100명이나 나왔고, 그중 20명이 지금 격리되어 있대.
B 세상에! 이것이 퍼지는 걸 막으려면 뭘 해야 하는 거야?
A 사람들이 많은 곳이나 밀폐된 공간을 피해야 해. 그냥 집에 머무는 게 더 낫지.
B 집에 있는 거 지겨워. 근데 사회적 거리 두기를 하려면 이 방법밖에는 없는 듯하네.
A 맞아, 나중에 후회하는 것보다 조심하는 게 낫지. 집에 머물고 건강히 지내!

'재미있다' 하면 funny밖에
생각이 안 난다고?

1 **The show was really entertaining.**
그 쇼는 정말 재미있었어.

2 **That comedian was hilarious[hysterical]!**
그 코미디언 진짜 웃겼어!

3 **I died laughing at the party!**
파티에서 웃겨서 죽는 줄 알았어!

Native's TIP!

'재미있다'라고 하면 가장 먼저 fun이나 funny가 떠오르나요? 하지만 이 외에도 다양한 표현이 있습니다. 원어민이 자주 쓰는 표현들로 entertaining '재미있는, 즐거움을 주는', hilarious '아주 우스운', amusing '재미있는, 즐거운', humorous '재미있는, 유머러스한' 등이 있습니다. 또, hysterical은 '히스테리 상태의'라는 의미 외에도 '매우 웃긴'이라는 의미가 있으니 함께 잘 알아두세요. 마지막으로 die laughing은 말 그대로 '웃겨서 죽다'라는 의미로, 정말 웃길 때 사용하는 표현입니다.

🎲 Step 1 문장 익히기

10번 반복해서 큰 소리로 읽어보며 내 것으로 만듭니다.

● **Did you go to the party last night? I heard it was really entertaining.**
어젯밤에 파티에 갔었어? 정말 재미있었다고 하던데.

● **She is so hilarious. She always makes me laugh.**
그녀는 너무 웃겨. 그녀는 항상 나를 웃게 해.

● **That movie almost made me die laughing. You should go and see it.**
그 영화 때문에 웃겨 죽는 줄 알았어. 네가 꼭 가서 봐야 해.

3초 안에 영어로 나오지 않는다면 다시 STEP 1으로 돌아가 연습합니다.

● 어젯밤에 파티에 갔었어? 정말 재미있었다고 하던데.

● 그녀는 너무 웃겨. 그녀는 항상 나를 웃게 해.

● 그 영화 때문에 웃겨 죽는 줄 알았어. 네가 꼭 가서 봐야 해.

 Step 3 **실전 대화에서 연습하기**

학습한 문장을 활용해 실전 대화 연습을 해 봅시다.

A Hey, I heard the work dinner was pretty entertaining.

B Yeah, the boss was hilarious. He got really drunk and couldn't stop singing.

A He loves to make people laugh. He is hysterical when he gets drunk.

B Yeah, I almost died laughing too.

A 안녕, 회식 정말 재미있었다고 들었어.
B 응, 사장님이 너무 웃겼어. 엄청 많이 취하셨고 노래하는 걸 멈추지 않으셨거든.
A 사장님은 사람들을 웃게 만드는 걸 좋아하셔. 술에 취하면 정말 웃기시지.
B 맞아, 나도 웃겨 죽는 줄 알았어.

'초대를 수락할 때' 어떻게 말하는 게 좋을까?

1 You're having a party? Count me in!
너 파티 열어? 나도 갈래!

2 I'd love to go! Thanks!
나 정말 가고 싶어! 고마워!

3 Thank you for the invite. I'll be there.
초대해 주셔서 감사해요. 참석할게요.

Native's TIP!

원어민들은 초대를 수락할 때 어떤 표현들을 쓸까요? 상대가 파티나 게임 등 어느 행사에 초대하거나 무엇을 같이 하자고 할 때, 가고 싶으면 보통 Count me in. 또는 I'm in.이라고 말하곤 합니다. 말 그대로 '나도 끼워줘', '나 할게' 또는 '갈게' 이런 의미가 되겠죠? 이 표현은 다소 격식을 차리지 않은 관계에서, 즉 친구나 막역한 동료 사이에서 쓰면 좋습니다. 그 외 쓸 수 있는 표현으로 I'd love to go.가 있는데요. 직접적으로 '가고 싶다'라고 말할 때 쓰는 표현입니다. 마지막으로, 좀 더 격식을 차려서 '초대해 주셔서 감사합니다'라고 표현할 때는 Thank you for the invite. 혹은 Thanks for inviting me.라고 정중하게 말할 수 있습니다.

🎲 Step 1 문장 익히기

10번 반복해서 큰 소리로 읽어보며 내 것으로 만듭니다.

● **Count me in. Should I bring anything?**
나도 갈게. 뭐 가져갈까?

● **Oh wow! I'd love to go, but I might be late. I'm working that day.**
와우! 저 진짜 가고 싶은데, 늦을 수도 있어요. 그날 일하거든요.

● **Thank you for the invite, but I already have plans.**
초대해 주셔서 감사하지만, 저는 이미 선약이 있어요.

Step 2 입으로 말하기

3초 안에 영어로 나오지 않는다면 다시 STEP 1으로 돌아가 연습합니다.

● 나도 갈게. 뭐 가져갈까?

● 와우! 저 진짜 가고 싶은데, 늦을 수도 있어요. 그날 일하거든요.

● 초대해 주셔서 감사하지만, 저는 이미 선약이 있어요.

Step 3 실전 대화에서 연습하기

학습한 문장을 활용해 실전 대화 연습을 해 봅시다.

A Hi, I'm having a party tomorrow. Do you want to come?

B Sounds great. Count me in. What time is it?

A It starts at 7 p.m. Oh, and you can bring a friend.

B Mia loves parties. She's definitely in. Oh, and I have a housewarming party next month. Can you come?

A I'd love to go. Thank you for the invite.

A 안녕, 나 내일 파티할 거야. 너 올래?
B 좋아. 갈게. 몇 시에 해?
A 오후 7시에 시작해. 아, 그리고 친구 데리고 와도 돼.
B 미아는 파티 진짜 좋아해. 그녀는 틀림없이 갈 거야. 아, 그리고 나 다음 달에 집들이해. 올 수 있어?
A 꼭 가고 싶어. 초대해 줘서 고마워.

Day
076

'초대를 거절할 때'는
이렇게 말해 봐!

1 **I'm afraid I can't go. I need to finish my work.**
죄송하지만 저는 갈 수 없어요. 일을 끝마쳐야 하거든요.

2 **I already have plans that day. What a shame.**
그날은 이미 선약이 있어. 정말 아쉽다.

3 **That's really kind of you, but I can't.**
정말 친절하시군요, 하지만 저는 못 갈 것 같아요.

Native's TIP!

오늘은 초대를 거절하는 표현들에 대해 배워보겠습니다. 보통 거절을 할 때는 조금 완곡하게 돌려서 말하거나 불참 이유를 설명하며 상대를 이해시키는 게 일반적입니다. 우선, 가장 많이 쓰이는 표현으로는 I'm afraid I can't (go).가 있는데요. 이렇게 거절 의사를 표시한 후엔 바로 이어서 가지 못하는 이유를 함께 이야기하곤 합니다. I already have plans. '이미 선약이 있다.'라고 말하고 What a shame. '아쉽다.' 또는 Maybe next time. '다음에.'라고 덧붙이기도 합니다. 마지막으로, 초대해 준 것에 감사를 표현하면서 뒤에 가지 못하는 이유를 드는 That's really kind of you, but ~이라는 표현도 있습니다.

Step 1 문장 익히기

10번 반복해서 큰 소리로 읽어보며 내 것으로 만듭니다.

● **I'm afraid I can't go to your party tonight. I'll go next time.** 죄송하지만 오늘 저녁에 파티에 못 가요. 다음에 갈게요.

● **Sounds fun, but I already have plans. Maybe next time.** 재미있을 것 같은데, 나는 이미 선약이 있어. 다음에 갈게.

● **That's really kind of you, but I'm a little tired.**
정말 친절하시군요, 하지만 저는 좀 피곤해서요.

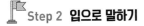

Step 2 입으로 말하기

3초 안에 영어로 나오지 않는다면 다시 STEP 1으로 돌아가 연습합니다.

- 죄송하지만 오늘 저녁에 파티에 못 가요. 다음에 갈게요.

- 재미있을 것 같은데, 나는 이미 선약이 있어. 다음에 갈게.

- 정말 친절하시군요, 하지만 저는 좀 피곤해서요.

 ## Step 3 실전 대화에서 연습하기

학습한 문장을 활용해 실전 대화 연습을 해 봅시다.

A Hey, we are all going out for a drink. Do you want to come?

B I'm afraid I can't. I need to finish this project by today.

A How about after you finish? We can wait for you.

B That's really kind of you, but I already have plans with my friend.

A 안녕하세요, 저희 다 같이 한잔하러 갈 건데요. 같이 가실래요?
B 죄송하지만 갈 수 없어요. 이 프로젝트를 오늘까지 끝내야 해요.
A 끝내고 나서는 어때요? 저희는 기다릴 수 있어요.
B 정말 친절하시군요, 하지만 저는 이미 친구와 약속이 있어요.

'질린다'라고 말하고 싶을 땐
이 표현들을 기억해 둬!

1 I'm fed up with work!
나 일이 너무 진저리가 나.

2 I'm so sick (and tired) of this assignment.
이 과제 진짜 질렸어.

3 I'm over today. I want to go home.
오늘 진저리가 난다. 집에 가고 싶어.

Native's TIP!

여러분이 만약 매일 같은 음식만 먹게 된다면 어떨까요? '질리다', '진저리 나다'라는 표현이 떠오르죠? 영어로는 be fed up with ~, be sick (and tired) of ~, 그리고 be over 등으로 표현할 수 있습니다. be fed up with ~에서 fed는 '공급하다, 필요[욕구] 등을 충족시키다'라는 뜻의 동사 feed의 과거분사형으로, '지긋지긋하다, 진저리가 나다, 물리다'라는 의미를 나타냅니다. 두 번째로, be sick (and tired) of ~라는 표현에서 sick은 '역겨운, 넌더리가 나는, 지긋지긋한'이라는 의미가 있어서 '질린다'라는 의미가 됩니다. 마지막으로, over는 '~위에' 또는 '~너머, ~이상'이란 뜻 외에도 부사로 '끝이 난'이라는 의미가 있습니다. 그래서 끝의 한계를 넘어서 '지긋지긋해진'이란 뉘앙스로 기억하면 그 의미를 더 쉽게 이해할 수 있습니다.

🎲 Step 1 문장 익히기

10번 반복해서 큰 소리로 읽어보며 내 것으로 만듭니다.

● **I'm fed up with his bad attitude.**
나는 그의 나쁜 태도에 진저리가 나.

● **I'm so sick of eating the same thing every day.**
매일 똑같은 것을 먹는 거 정말 지긋지긋해.

● **I'm so over working here. It's too tiring.**
나는 여기서 일하는 데에 정말 질렸어. 너무 피곤해.

Step 2 입으로 말하기

3초 안에 영어로 나오지 않는다면 다시 STEP 1으로 돌아가 연습합니다.

- 나는 그의 나쁜 태도에 진저리가 나.

- 매일 똑같은 것을 먹는 거 정말 지긋지긋해.

- 나는 여기서 일하는 데에 정말 질렸어. 너무 피곤해.

Step 3 실전 대화에서 연습하기

학습한 문장을 활용해 실전 대화 연습을 해 봅시다.

A I'm so fed up with this project. I just wish it was over and done with.

B You and me both. I'm sick and tired of revising the same thing again and again.

A You said it. I'm over working overtime.

B Let's talk more over a drink or something.

A 나는 이 프로젝트에 정말 질려 버렸어. 그냥 빨리 끝났으면 좋겠어.
B 나도. 매번 같은 것을 수정하고 또 수정하는 것에 진저리가 나.
A 내 말이. 야근하는 것도 질렸어.
B 술이나 뭐 좀 마시면서 더 이야기하자.

'등골 빠지게 열심히 일하다'라는 표현을 영어로는 어떻게 말할까?

1 **Time to buckle down. Let's get started!**
전력을 다할 시간이야. 시작하자!

2 **My dad always worked his fingers to the bone.**
우리 아버지께서는 늘 뼈 빠지게 일하셨어.

3 **I work my butt off every day!**
난 매일매일 정말 열심히 일하고 있어!

Native's TIP!

열심히 하는 것에 대한 표현으로는 우선 buckle down이 있습니다. 여기서 buckle은 벨트 버클이나 좌석의 잠금장치를 의미하는데요. 보통 어딘가 출발할 때 버클을 채우므로 buckle down to ~는 주로 '~를 열심히 하다', '~에 착수하다'라는 의미가 됩니다. 두 번째, work one's fingers to the bone은 '손가락이 뼈가 될 때까지 일하다', 즉 '뼈 빠지게 일하다'라는 의미입니다. 마지막 표현 work one's butt[ass] off는 '매우 열심히 일하다'라는 의미의 속어 표현으로, ass보다는 butt가 더 순화된 표현으로 자주 쓰입니다. 세 가지 표현 모두 '뼈 빠지게 일하다'라는 말로 자유롭게 쓸 수 있지만, 마지막에 work one's ass off는 다소 격한 표현이니 주의해서 쓰도록 하세요!

🎲 Step 1 문장 익히기

10번 반복해서 큰 소리로 읽어보며 내 것으로 만듭니다.

● **The deadline is tomorrow. I need to buckle down.**
마감이 내일이야. 전력을 다해야 해.

● **He works his fingers to the bone every day. He is the definition of a workaholic.**
그는 매일 정말 뼈 빠지게 일해요. 그는 일 중독자의 대명사예요.

● **Hey, I've been working my butt off day and night.**
이봐, 나는 밤낮으로 정말 열심히 일하고 있어.

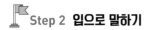# Step 2 **입으로 말하기**

3초 안에 영어로 나오지 않는다면 다시 STEP 1으로 돌아가 연습합니다.

- 마감이 내일이야. 전력을 다해야 해.

- 그는 매일 정말 뼈 빠지게 일해요. 그는 일 중독자의 대명사예요.

- 이봐, 나는 밤낮으로 정말 열심히 일하고 있어.

Step 3 **실전 대화에서 연습하기**

학습한 문장을 활용해 실전 대화 연습을 해 봅시다.

A Hey, Ben. How are you doing? You look super busy these days.

B Good good. I've been buckling down this week because of my new project.

A You always work your fingers to the bone. Working hard is good, but you should really relax a little.

B Thanks, but I need to work my butt off to get the promotion I want. I really need that promotion.

A 안녕하세요, 벤 씨. 잘 지내고 계신가요? 요즘 많이 바빠 보이시네요.

B 잘 지내요. 새로운 프로젝트 때문에 이번 주 정말 열심히 하고 있어요.

A 당신은 항상 뼈 빠지게 일하시네요. 열심히 일하는 건 좋은데, 진짜 좀 쉬어야 해요.

B 고마워요. 하지만 전 제가 원하는 승진을 하기 위해 진짜 열심히 일해야 돼요. 그 승진이 꼭 필요하거든요.

'행운을 빌 때' 이렇게
마음을 표현해 봐!

1 **I will keep my fingers crossed for you.**
내가 너에게 행운을 빌어 줄게.

2 **Break a leg, Linda. You'll do great!**
행운을 빌어, 린다. 넌 잘할 거야!

3 **Knock 'em dead. You've got this!**
본때를 보여줘. 넌 할 수 있어!

↳ You've[You] got this!: 넌 할 수 있어!

Native's TIP!

우리는 주로 응원의 마음을 표현할 때 '파이팅(Fighting)'이라고 하지만, 원어민들은 '행운을 빌어'라는 표현을 더 자주 사용합니다. '파이팅'이라는 말은 콩글리시이므로 오늘 배우는 표현들을 잘 이용해서 응원의 메시지를 보내 보세요. 우선 fingers crossed라는 표현은 말 그대로 손가락의 검지와 중지를 서로 십자가처럼 꼬는 것을 가리키며, '행운을 빈다'라는 의미를 나타냅니다. 두 번째로 Break a leg는 '다리를 부러뜨려'라는 의미가 아니라 '행운을 빈다'라는 의미로, 주로 발표나 공연을 하기 전에 응원의 말로 많이 쓰입니다. 마지막으로, Knock 'em dead 역시 공연이나 경기 전에 잘하라고 행운을 빌어주는 것으로 확실하게 '본때를 보여줘라'라는 의미입니다.

🎲 Step 1 문장 익히기

10번 반복해서 큰 소리로 읽어보며 내 것으로 만듭니다.

● **I hope you get the job. Fingers crossed.**
그 직장에 취직되기를 바랍니다. 행운을 빌게요.

● **Break a leg! You'll do amazing. I know you will.**
행운을 빌어! 너는 잘할 거야. 잘할 거라고 믿어.

● **Have a good game. You trained hard, so knock 'em dead!**
경기 잘해. 열심히 훈련했으니, 본때를 보여줘!

Step 2 입으로 말하기

3초 안에 영어로 나오지 않는다면 다시 STEP 1으로 돌아가 연습합니다.

- 그 직장에 취직되기를 바랍니다. 행운을 빌게요.

- 행운을 빌어! 너는 잘할 거야. 잘할 거라고 믿어.

- 경기 잘해. 열심히 훈련했으니, 본때를 보여줘!

Step 3 실전 대화에서 연습하기

학습한 문장을 활용해 실전 대화 연습을 해 봅시다.

A This weekend is my son's soccer grand final.

B Wow, fingers crossed he wins.

A 'Break a leg,' I told him before the last game, but he thought I meant literally.

B That's funny! Well, I hope he knocks 'em dead.

A 이번 주말에 내 아들의 축구 최종 결승전이 있어.

B 와, 그가 꼭 이기길 바랄게.

A 지난 경기 전에 아들에게 '행운을 빌어'라고 말했는데, 아들이 문자 그대로 다리를 부러뜨리라는 줄 알았나 봐.

B 그거 웃기다! 자, 네 아들이 본때를 보여주길 바랄게.

'그거 있잖아'라고 이름이
기억나지 않는 대상을 부를 땐?

1 **Throw me the thingamabob!**
그 있잖아, 그것 좀 던져줘!

2 **That doovalacky looks interesting.**
그 뭐냐, 그거 참 흥미로워 보인다.

3 **Look at this whatchamacallit.**
이걸 뭐라 하더라, 이것 좀 봐봐.

the thingamabob!

Native's TIP!

정확한 명칭이 기억나지 않을 때 그 대상을 '그것' 또는 '저것'으로 뭉뚱그려 말하기도 합니다. 외국에서도 이름이 잘 기억나지 않는 대상을 부를 때 쓰는 표현들이 있는데요. thingamajig[띵어머직], thingamabob[띵어머밥], doovalacky[두발라키], doohickey[두히키], whatchamacallit[와처머컬릿], thingy[띵이] 등의 표현을 사용하곤 합니다. 모두 정확한 명칭이나 이름이 기억나지 않아서 사용하는 표현들입니다. thingamajig, thingamabob, thingy는 모두 '사물'이라는 의미의 thing이 들어가는 걸 알 수 있습니다. doovalacky는 호주 슬랭으로, 북미에서는 doohickey가 더 자주 쓰입니다. 마지막으로 whatchamacallit은 What you may[might] call it?을 빠르게 말한 표현으로 '뭐랄까, 뭐라고 하더라'라는 뜻입니다.

🎲 Step 1 문장 익히기

10번 반복해서 큰 소리로 읽어보며 내 것으로 만듭니다.

● **Can you pass me that thingamajig, next to the thingamabob?** 저게 뭐더라, 저것 옆에 있는 그것 좀 건네줄 수 있어?

● **What's this doovalacky? How do you use it?**
이거 뭐라고 하더라? 이거 어떻게 사용해?

● **This whatchamacallit is really useful. Where can I buy it?** 이걸 뭐라 하더라, 이거 너무 편리하다. 어디에서 살 수 있어?

Step 2 입으로 말하기

3초 안에 영어로 나오지 않는다면 다시 STEP 1으로 돌아가 연습합니다.

● 저게 뭐더라, 저것 옆에 있는 그것 좀 건네줄 수 있어?

● 이거 뭐라고 하더라? 이거 어떻게 사용해?

● 이걸 뭐라 하더라, 이거 너무 편리하다. 어디에서 살 수 있어?

Step 3 실전 대화에서 연습하기

학습한 문장을 활용해 실전 대화 연습을 해 봅시다.

A Hey, can you hand me that thingamabob?

B What? This, or that?

A No, that doohickey. Next to the other doovalacky.

B What are you talking about? This?

A No, that whatchamacallit! That, that thing there!

A 있잖아, 저것 좀 건네줄 수 있어?
B 뭐? 이거? 아니면 저거?
A 아니, 저거 뭐냐. 그 다른 거 옆에 있는 저거 말이야.
B 뭐 말하는 거야? 이거?
A 아니, 그거 있잖아! 저거, 저기에 있는 저거 말이야!

Speak Out!

((A. 한글의 의미에 맞게 큰 소리로 말해봅시다))

❶ 이 사진 기억나?   Day **068**

❷ 입 꼭 다물게. / 아무한테도 말 안 할게.   Day **072**

❸ 미리 예약을 해야 하나요?   Day **066**

❹ 나도 갈래!   Day **075**

❺ 당장 할 일이 너무 많아.   Day **062**

❻ 행운을 빌어.   Day **079**

❼ 파티에서 웃겨서 죽는 줄 알았어!   Day **074**

❽ 짐작을 해 보자면, 그는 50살로 보여요.   Day **067**

❾ 나 오늘 하루 종일 너한테 연락했었어!   Day **071**

❿ 나중에 또 보자.   Day **065**

Answer

❶ Does this photo ring a bell?
❷ My lips are sealed.
❸ Do I have to make a reservation in advance?
❹ Count me in!
❺ I have too much on my plate right now.
❻ Break a leg. / Fingers crossed.
❼ I died laughing at the party!
❽ If I have to take a guess, he looks 50.
❾ I've been trying to get (a) hold of you all day!
❿ Catch you later.

A ❶ _____. And ❷ _____.

매번 같은 일을 반복하는 것에 진저리가 나. 게다가 이번 주는 몹시 바빴어.

B Don't push yourself too much; otherwise, you will burn out.

너무 무리하지 마, 안 그러면 너 기력이 다 소진될 거야.

A What is the name of the guy sitting next to Abby?

애비 옆에 앉아 있는 남자 이름이 뭐지?

B ❸ _____.

이름이 생각 날 듯 말 듯 해.

A Have you decided what you are going to do?

너는 무엇을 할지 결정했어?

B ❹ _____, but I still don't know.

하룻밤 자면서 생각해 봤는데, 아직 모르겠어.

A It seems that ❺ _____.

네 아들 골프에 재능이 있는 것 같아.

B Really? He's only been playing for one month.

정말? 그 애는 이제 겨우 한 달 쳤는걸.

A ❻ _____, but ❼ _____ after all.

시험공부 벼락치기로 했는데, 결국 시험 망쳤어.

B Forget it! ❽ _____ and enjoy the movie!

잊어버려! 그냥 긴장 풀고 좀 쉬면서 영화를 즐겨!

Answer 🎵 / 🎵

❶ I'm sick (and tired) of the same routine   ❺ your son has a knack for golf
❷ this week has been terribly busy   ❻ I crammed for the test
❸ It's on the tip of my tongue   ❼ (I) flunked it[the test]
❹ I slept on it   ❽ Just kick back (and relax)

Day 081~100

'이해한다'라고 말할 땐 상황에 따라 쓸 수 있는 표현이 달라!

1 I got it.
알겠어요. / 이해했어요.

2 That makes sense.
이해가 되네요. / 그거 말이 되네요.

3 I get the gist, but what's your point?
요지는 알겠는데, 무슨 말이 하고 싶은 건가요?

Native's TIP!

　　　이야기를 주고받으며 상대의 말에 '알았다' 또는 '이해했다'라고 할 때 간단히 I got it.이라고 말하면 됩니다. 두 번째 That makes sense.의 경우, 상대방의 말이 일리가 있을 때 주로 쓰는 표현입니다. 마지막으로, get the gist[drift] of ~는 무언가의 '요지를 이해하다'라는 뜻으로 상대가 설명하는 것의 세세한 부분까지는 잘 모르더라도 이야기하고자 하는 것을 대략 어느 정도 감을 잡았을 때 사용할 수 있는 표현입니다. 위의 표현들을 잘 익히고 상황에 맞게 '알겠다'라고 표현할 수 있도록 연습해 보세요.

Step 1 문장 익히기

　　10번 반복해서 큰 소리로 읽어보며 내 것으로 만듭니다.

● **Thanks for your explanation. I got it.**
설명해 주셔서 감사합니다. 이해했어요.

● **That makes sense. Thanks for clearing that up.**
이해가 되네요. 명확하게 정리해 주셔서 감사합니다.

● **I got the gist of what you are saying, but it's still confusing.**
무슨 말씀을 하시는지 요지는 알겠는데요, 아직 헷갈리네요.

Step 2 입으로 말하기

3초 안에 영어로 나오지 않는다면 다시 STEP 1으로 돌아가 연습합니다.

- 설명해 주셔서 감사합니다. 이해했어요.

- 이해가 되네요. 명확하게 정리해 주셔서 감사합니다.

- 무슨 말씀을 하시는지 요지는 알겠는데요, 아직 헷갈리네요.

 Step 3 실전 대화에서 연습하기

학습한 문장을 활용해 실전 대화 연습을 해 봅시다.

A So, do you understand?

B I got it, thanks. It was difficult before, but you explained it very well.

A No worries. I think this way is the easiest method.

B Yeah, that makes sense. I need to study more, though.

A Well, at least you get the gist. I am sure you will do fine.

A 자, 이해가 되나요?
B 이해했어요. 감사합니다. 전에는 그게 어려웠는데, 선생님께서 아주 잘 설명해 주셨어요.
A 천만에요. 내 생각에는 이 방법이 가장 쉬운 방법이에요.
B 네, 이해가 돼요. 저는 그래도 더 공부해야 해요.
A 음, 적어도 학생은 요점을 파악했어요. 잘할 거라 믿어요.

'이해가 안 된다'라는 말을 다양하게 표현해 볼까?

1 **I'm afraid I don't follow.**
죄송하지만 이해가 잘 안 돼요.

2 **Could you be more specific?**
조금 더 자세히 말씀해 주시겠어요?

3 **I'm lost. / I'm stumped.**
이해를 못 했어요 / (너무 어려워서) 이해가 안 가요, 모르겠어요.

Native's TIP!

이번에는 이해가 안 될 때 쓸 수 있는 표현을 배워보겠습니다. 우선 조금 정중하게 쓸 수 있는 표현으로는 I'm afraid I don't follow.가 있습니다. 서두에 I'm afraid를 사용해서 공손히 '죄송하지만 이해가 잘 안 돼요'라고 말할 때 쓸 수 있는 표현입니다. 두 번째로, Could you be more specific?은 좀 더 명확한 설명이나 부연 설명이 필요할 때 사용할 수 있는 표현입니다. 마지막으로, 상대의 말을 이해하지 못했거나 설명하는 바를 제대로 따라가지 못할 때 I'm lost.라고 말할 수 있습니다. 비슷한 표현으로 I'm stumped.가 있는데요, 문제가 너무 어려워서 '곤란하다, 이해가 안 간다, 모르겠다'라고 할 때 쓸 수 있는 표현이므로 함께 알아 두세요.

🎲 Step 1 문장 익히기

10번 반복해서 큰 소리로 읽어보며 내 것으로 만듭니다.

● **I'm afraid I don't follow. Could you give me another example?** 죄송하지만 이해가 잘 안 되네요. 다른 예시를 들어주시겠어요?

● **Could you be more specific? I want to make sure I fully understand.**
조금 더 자세히 말씀해 주시겠어요? 제가 완전히 이해했는지 확실히 해두고 싶어서요.

● **I'm stumped. Sorry but it's too difficult.**
정말 모르겠어요. 죄송한데 너무 어렵네요.

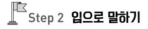

Step 2 입으로 말하기

3초 안에 영어로 나오지 않는다면 다시 STEP 1으로 돌아가 연습합니다.

- 죄송하지만 이해가 잘 안 되네요. 다른 예시를 들어주시겠어요?

- 조금 더 자세히 말씀해 주시겠어요? 제가 완전히 이해했는지 확실히 해두고 싶어서요.

- 정말 모르겠어요. 죄송한데 너무 어렵네요.

Step 3 실전 대화에서 연습하기

학습한 문장을 활용해 실전 대화 연습을 해 봅시다.

A Are there any questions?

B Yes, I'm afraid I don't follow. Could you be more specific?

A Did you read the text book?

B Yes, but I'm still stumped.

A 질문 있으신가요?
B 네, 죄송하지만 저는 이해가 잘 안 돼요. 조금 더 자세히 말씀해 주실 수 있나요?
A 교과서는 읽었나요?
B 네, 그래도 아직 정말 모르겠어요.

'후회를 나타낼 때' 사용하는 가정법 표현들에 대해 알아보자!

1 **If only I had studied harder, I would have passed.**
내가 더 열심히 공부했더라면, 시험에 통과했을 텐데.

2 **I should have told you earlier.**
내가 너한테 더 일찍 말해줬어야 했는데.

3 **I wish I hadn't said that.**
내가 그런 말을 하지 않았다면 좋았을 텐데.

Native's TIP!

오늘은 '~을 했더라면 좋았을 텐데'와 같이 후회할 때 쓰는 표현들을 알아보겠습니다. 보통 가정법 과거완료 「If + 주어 + had p.p., 주어 + would[could/should/might] have p.p.」 구문은 과거 사실의 반대 상황을 가정하거나 상상하는 데 쓰이며, '~했다면, …했을 텐데'라고 해석됩니다. 따라서 첫 번째 표현은 가정법 과거완료에 If only '~였다면 좋았을 텐데'라는 강한 소망을 더한 표현이라고 보면 됩니다. 두 번째, 「주어 + should have p.p.」 구문은 '~했어야 했다'라는 의미로, 과거의 일에 대한 후회를 나타냅니다. 마지막 표현은 I wish 가정법 과거완료 「I wish + 주어 + had p.p.」로, 과거 사실과 반대되는 일에 대한 소망이나 아쉬움을 나타내어 '~했다면 좋았을 텐데'로 해석합니다.

🎲 Step 1 문장 익히기

10번 반복해서 큰 소리로 읽어보며 내 것으로 만듭니다.

● **If only I had woken up earlier, I wouldn't have missed the flight.**
내가 더 일찍 일어나기만 했더라도, 그 비행기를 놓치지 않았을 텐데.

● **I should have gone to the party. It sounded fun!**
파티에 갈 걸 그랬어. 재미있었던 것 같더라!

● **I wish I hadn't done that. I regret it big time.**
그러지 말 걸 그랬어. 너무 후회돼.

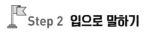

Step 2 입으로 말하기

3초 안에 영어로 나오지 않는다면 다시 STEP 1으로 돌아가 연습합니다.

- 내가 더 일찍 일어나기만 했더라도, 그 비행기를 놓치지 않았을 텐데.

- 파티에 갈 걸 그랬어. 재미있었던 것 같더라!

- 그러지 말 걸 그랬어. 너무 후회돼.

Step 3 실전 대화에서 연습하기

학습한 문장을 활용해 실전 대화 연습을 해 봅시다.

A What's your biggest regret?

B I wish I had studied harder when I was in school.

A Me too. I should have paid attention to the teacher.

B If only I had listened in class, I could have gotten a better job.

A 가장 크게 후회하는 게 뭐야?
B 학교 다닐 때 더 열심히 공부했더라면 좋았을 거야.
A 나도. 선생님 말씀에 주의를 기울였어야 했는데.
B 내가 수업을 잘 듣기만 했더라도, 더 좋은 직장을 구할 수 있었을 텐데.

'겁먹고 놀랐을 때' 쓸 수 있는
표현들은 뭐가 있을까?

1 **I'm freaking out here!**
나 진짜 놀랐어!

2 **Jeez, you scared the living daylights out of me.**
세상에, 너 때문에 기절초풍하는 줄 알았어.

3 **I chickened out of bungee jumping.**
번지점프 너무 겁나서 못 했어.

I'm freaking out!

Native's TIP!

오늘은 원어민들이 무섭거나 겁을 먹을 때 자주 쓰는 표현에 대해서 알아볼까요? 첫 번째 표현인 freak out은 '깜짝 놀라다, 당황하다'라는 의미를 나타냅니다. 이 표현은 무서울 때만 쓰는 표현이 아니라 정말 놀랍거나 당황스러운 일이 있을 때 전반적으로 쓸 수 있는 표현이므로 잘 알아두세요. 두 번째는 scare the living daylights out of somebody인데요. 이 표현은 누군가를 '기절시킬 정도로 놀라게 하다'라는 의미를 나타냅니다. 마지막으로, chicken out (of)도 자주 쓰이는 표현인데요. 여기에서 chicken은 '겁쟁이'라는 의미이므로, chicken out (of)은 '겁을 먹고 (~을) 그만두다, 겁을 먹고 (~에서) 꽁무니를 빼다'라는 의미를 가집니다.

Step 1 문장 익히기

10번 반복해서 큰 소리로 읽어보며 내 것으로 만듭니다.

● **I freak out when I see pigeons. They are so scary!**
저는 비둘기를 보면 소스라치게 놀라요. 비둘기 너무 무서워요!

● **You scared the living daylights out of me. Don't ever do that again!**
너 때문에 진짜 깜짝 놀랐어. 다시는 그렇게 하지 마!

● **I wanted to go on the rollercoaster, but I chickened out.**
나는 롤러코스터를 타고 싶었는데, 너무 겁이 나서 못 탔어.

Step 2 입으로 말하기

3초 안에 영어로 나오지 않는다면 다시 STEP 1으로 돌아가 연습합니다.

◉ 저는 비둘기를 보면 소스라치게 놀라요. 비둘기 너무 무서워요!

◉ 너 때문에 진짜 깜짝 놀랐어. 다시는 그렇게 하지 마!

◉ 나는 롤러코스터를 타고 싶었는데, 너무 겁이 나서 못 탔어.

Step 3 실전 대화에서 연습하기

학습한 문장을 활용해 실전 대화 연습을 해 봅시다.

A Let's see a horror movie.

B What? No way! The last time we watched a horror movie, it scared the living daylights out of me.

A This movie isn't that scary, so don't freak out.

B I think I will chicken out as soon as I get to the theatre.

A 우리 공포 영화 보자.
B 뭐? 싫어! 지난번에 우리 공포 영화 봤을 때, 나 너무 놀라서 간 떨어질 뻔했어.
A 이 영화는 그렇게 무섭지 않아, 그러니 너무 기겁하지 마.
B 나는 극장에 도착하자마자 겁이 나서 도망갈 것 같아.

'정말 싫어, 별로야'라고 말할 때 hate 말고 다른 표현은 없을까?

<u>1</u> **I can't stand humid days.**
난 습한 날씨 정말 싫어해.

<u>2</u> **This party sucks. Let's go.**
이 파티 정말 별로야. 가자.

<u>3</u> **It's not my thing, but I'll try it once.**
내 취향은 아닌데, 한번 시도는 해볼게.

Native's
TIP!

　　영어로 '싫어하다'라고 말할 때 동사 hate밖에 떠오르지 않는다면 오늘 학습하는 표현들을 잘 알아두세요. 싫어한다는 표현으로는 hate 말고도 I can't stand something[somebody]., It sucks[sucked]. 그리고 It's not my thing.이 있습니다. 우선 stand는 우리가 흔히 아는 '서 있다'라는 뜻 외에 '참다, 견디다'라는 의미가 있습니다. 그러므로 부정어 can't와 함께 쓰이면 뒤에 나오는 대상을 '견딜 수 없다'라는 의미를 가집니다. 두 번째, suck은 '빨아 먹다'라는 의미 외에 속어로 '엉망이다, 형편없다'라는 의미도 있습니다. 이는 비속어이므로 사용에 주의하세요. 마지막으로, It's not my thing. 은 직역하면 '나의 것이 아니다'라는 의미로 본인의 취향이나 적성이 아닐 때 쓰는 표현입니다.

🎲 Step 1 문장 익히기

10번 반복해서 큰 소리로 읽어보며 내 것으로 만듭니다.

● **I can't stand techno music.**
나는 테크노 음악을 정말 싫어해.

● **That movie really sucked. I can't believe I wasted my money on that.**
그 영화 정말 별로야. 내가 거기에 돈을 낭비했다니 믿을 수가 없어.

● **Soju is not my thing. Can we drink something else?**
소주는 내 취향이 아니야. 다른 거 마시면 안 될까?

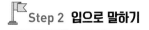# Step 2 입으로 말하기

3초 안에 영어로 나오지 않는다면 다시 STEP 1으로 돌아가 연습합니다.

- 나는 테크노 음악을 정말 싫어해.

- 그 영화 정말 별로야. 내가 거기에 돈을 낭비했다니 믿을 수가 없어.

- 소주는 내 취향이 아니야. 다른 거 마시면 안 될까?

Step 3 실전 대화에서 연습하기

학습한 문장을 활용해 실전 대화 연습을 해 봅시다.

A Turn the radio down. I can't stand this song.

B I really love this song. To me, it's better than the music you usually listen to. That sucks.

A What's wrong with heavy metal?

B It's too loud for me, so it is hard to listen to. It's definitely not my thing.

A 라디오 소리 좀 줄여. 나 이 노래 정말 싫어.
B 나는 이 노래 정말 좋아해. 나한테는, 이 노래가 네가 평소에 듣는 음악보다 더 좋은데. 그 음악은 정말 별로야.
A 헤비메탈이 뭐 어때서?
B 나한테는 너무 시끄러워서 듣기 힘들어. 확실히 내 취향은 아니야.

'저리 가!'라고 성가신 사람을 쫓을 때 쓸 수 있는 말은 뭐가 있을까?

1 **Leave me alone. You're making me upset.**
절 좀 내버려 두세요. 당신이 제 기분을 상하게 하고 있어요.

2 **Take a hike. I'm not interested.**
저리 가. 난 관심 없어.

3 **Get lost. You're bothering me.**
꺼져. 네가 날 귀찮게 하고 있잖아.

Native's TIP!

　　오늘은 귀찮게 구는 사람에게 '저리 가!'라고 말하는 방법에 대해 알아보겠습니다. 우선 '날 혼자 내버려 둬'라고 말할 땐 Leave me alone.이라고 하면 됩니다. 두 번째, Take a hike.의 경우, hike를 보고 얼핏 '하이킹 가자'로 잘못 이해하기 쉬운데요. 이는 다소 무례한 말로서, '저리 가, 꺼져!'라는 의미입니다. 이 표현은 상대에게 불쾌감을 줄 수 있으므로 부드럽게 Go away. 정도로 순화하여 말하는 것이 좋습니다. 마지막으로, Get lost. 역시 '사라져, 꺼져!'라는 의미의 다소 격한 표현입니다. Take a hike.와 Get lost.는 상대에게 무례한 표현이므로 Go away.나 Leave me alone.으로 대체해서 사용하는 것이 좋습니다.

🎲 Step 1 문장 익히기

10번 반복해서 큰 소리로 읽어보며 내 것으로 만듭니다.

● **Can you leave me alone? Please, I need some time.**
나 좀 내버려 둘래? 제발, 나 시간이 좀 필요해.

● **Hey, take a hike. You're being rude!**
이봐, 저리 가. 너 지금 무례하게 굴고 있는 거야!

● **Get lost! I won't say it again!**
꺼져! 두 번 말 안 해!

Step 2 입으로 말하기

3초 안에 영어로 나오지 않는다면 다시 STEP 1으로 돌아가 연습합니다.

◦ 나 좀 내버려 둘래? 제발, 나 시간이 좀 필요해.

◦ 이봐, 저리 가. 너 지금 무례하게 굴고 있는 거야!

◦ 꺼져! 두 번 말 안 해!

 ## Step 3 실전 대화에서 연습하기

학습한 문장을 활용해 실전 대화 연습을 해 봅시다.

A Good afternoon, sir. I have a really nice watch for cheap that I think would suit you. Interested?

B No, thank you. I'm fine. Please leave me alone.

A Come on, I will sell it to you for half the price that you would pay in the department stores.

B Take a hike! I said I'm not interested.

A Okay, my final offer. $50!

B Mate, will you get lost? Otherwise, I will call the police.

A 안녕하세요. 선생님. 선생님께 어울릴 만한 정말 근사하고 값싼 시계가 있는데요. 관심 있으세요?
B 아뇨, 감사하지만 괜찮아요. 절 그냥 내버려 두세요.
A 에이 그러지 마시고요, 제가 백화점에서 살 수 있는 가격의 반값으로 드릴게요.
B 저리 가세요! 제가 관심 없다고 했잖아요.
A 알았어요, 이게 제 최종 가격이에요. 50달러에 드릴게요!
B 이봐요, 좀 사라져 줄래요? 아니면 경찰을 부를 거예요.

'기대감을 나타낼 때' 쓸 수 있는 표현들을 알아볼까?

1 **I'm dying to see the new movie!**
새 영화 보고 싶어 죽겠어!

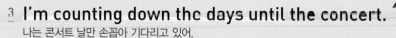

2 **I can't wait to eat. I'm so hungry.**
빨리 먹고 싶어. 너무 배고파.

3 **I'm counting down the days until the concert.**
나는 콘서트 날만 손꼽아 기다리고 있어.

Native's TIP!

무언가를 손꼽아 기다리고 있거나 기대하는 상황을 나타낼 때 '~하는 것을 학수고대하고 있다'라는 의미의 I look forward to -ing가 가장 먼저 떠오르실 겁니다. 이 표현 외에도 I'm dying to + 동사.라고도 말할 수 있는데요, '~하고 싶어 죽겠어'라는 뜻으로 앞의 표현보다 다소 강한 기대감을 표출할 때 쓸 수 있습니다. 두 번째는 '~하는 걸 기다릴 수 없어', '빨리 ~하고 싶어'라고 말하고 싶을 때 쓰는 표현으로 I can't wait to + 동사.가 있습니다. 마지막으로, '~하는 날만을 손꼽아 기다리고 있어'라고 학수고대하는 상황에서는 I'm counting down the days until + 명사. 표현을 활용하여 말할 수 있으니 알아두세요.

🎲 Step 1 문장 익히기

10번 반복해서 큰 소리로 읽어보며 내 것으로 만듭니다.

● **I'm dying to see my friend this weekend. It's going to be so fun!** 나 이번 주말에 내 친구를 빨리 만나고 싶어 죽겠어. 정말 재밌을 거야!

● **I can't wait to go home. I've had such a bad day today.**
나 빨리 집에 가고 싶어. 오늘 너무 힘든 하루였어.

● **I'm counting down the days until my holiday. Maldives. Here I come!**
저는 제 휴가를 손꼽아 기다리고 있어요. 몰디브. 내가 간다!

 **Step 2 입으로 말하기**

3초 안에 영어로 나오지 않는다면 다시 STEP 1으로 돌아가 연습합니다.

- 나 이번 주말에 내 친구를 빨리 만나고 싶어 죽겠어. 정말 재밌을 거야!

- 나 빨리 집에 가고 싶어. 오늘 너무 힘든 하루였어.

- 저는 제 휴가를 손꼽아 기다리고 있어요. 몰디브. 내가 간다!

 Step 3 실전 대화에서 연습하기

학습한 문장을 활용해 실전 대화 연습을 해 봅시다.

A I'm dying to finish this week.

B Me too. I can't wait to go home and put my feet up.

A You and me both. By the way, your wedding is coming up soon!

B Right, I'm counting down the days until my honeymoon.

A 이번 주가 빨리 지나갔으면 좋겠어.
B 나도. 빨리 집에 가서 쉬고 싶어.
A 나도 마찬가지야. 그건 그렇고, 네 결혼식이 곧 다가오고 있어!
B 맞아, 나는 내 신혼여행을 손꼽아 기다리고 있어.

Day
088

'피하고 싶거나 두려운 상황'을 표현할 땐 이렇게 말해 봐!

1 **I'm dreading seeing my test result.**
시험 결과를 보는 게 너무 두려워.

2 **I'd rather die than see him.**
그를 보느니 차라리 죽는 게 낫겠어.

3 **I can't believe I have to go on a business trip on my birthday.**
내 생일날 출장을 가야 한다니 믿을 수가 없어.

Native's TIP!

중요한 시험이나 만나고 싶지 않은 사람을 봐야 하는 일 등을 앞두고 '그날이 오지 않았으면' 하고 한숨 쉬어본 적이 있나요? 우선 무언가를 하는 게 두렵다고 말할 땐 I'm dreading ~이나 I'm scared that + 주어 + 동사. 구문을 활용하여 표현하면 됩니다. 두 번째로, I'd rather die than + 동사. 표현은 '~하느니 차라리 죽는 게 낫다'라는 의미로 무언가를 '죽을 만큼 하기 싫다'라고 강하게 말할 때 쓰는 표현입니다. 마지막으로, I can't believe I have to + 동사.는 위의 표현들보다는 좀 더 우회적인 표현으로, 하고 싶지 않은 일을 강제로 하게 된 상황이 믿기지 않을 때 '~해야 한다니 믿을 수 없어'라는 의미로 쓸 수 있습니다.

Step 1 문장 익히기

10번 반복해서 큰 소리로 읽어보며 내 것으로 만듭니다.

● **I'm dreading next week. I'm going to be so busy.**
다음 주가 너무 두려워. 나 많이 바쁠 거야.

● **I'd rather die than go to work this weekend.**
나 이번 주말에 출근하는 게 죽기보다 싫어.

● **I can't believe I have to work overtime again tonight.**
오늘 밤에 또 야근을 해야 한다니 믿을 수 없어.

Step 2 입으로 말하기

3초 안에 영어로 나오지 않는다면 다시 STEP 1으로 돌아가 연습합니다.

- 다음 주가 너무 두려워. 나 많이 바쁠 거야.

- 나 이번 주말에 출근하는 게 죽기보다 싫어.

- 오늘 밤에 또 야근을 해야 한다니 믿을 수 없어.

 Step 3 실전 대화에서 연습하기

학습한 문장을 활용해 실전 대화 연습을 해 봅시다.

A I'm dreading summer this year. It's going to be so hot.

B Tell me about it. I'd rather die than go outside.

A I can't believe I have to wear suits at the office during the summer.

B Are you serious?

A 나는 올해 여름이 너무 두려워. 무척 더울 거야.
B 무슨 말인지 알아. 밖에 나가는 게 죽기보다 싫지.
A 여름에 사무실에서 정장을 입어야 한다니 믿을 수 없어.
B 진짜?

'진짜야? 실화야?'라며
믿기지 않는 사실을 알게 됐을 땐?

<u>1</u> **Are you serious?** 정말이야? / 진심이야?

<u>2</u> **For real?** 진짜야? / 실화야?

<u>3</u> **You're kidding me.** 농담하지 마. / 말도 안 돼.

Native's TIP!

　　우리는 보통 믿기지 않는 사실을 알게 됐을 때 '진짜야? 실화야?'라고 말하곤 합니다. 영어로는 Really?라는 표현이 제일 먼저 떠오를 텐데요. 또 다른 표현들로는 뭐가 있을까요? 우선, Are you serious?는 '진심이야?'라는 의미로 Seriously?와 동일한 의미입니다. 두 번째 표현인 For real?은 우리에게 익숙한 Really?와 비슷한 표현으로, '진심이야?'라고 물을 때 쓸 수 있습니다. 둘의 의미에 큰 차이는 없지만, 많이 놀랐을 경우에는 Really?보다는 For real?이나 Are you for real?이 더 자주 사용되는 편입니다. 마지막으로 You're kidding me.는 정말 믿기 힘들 때 상대에게 다시 사실 확인을 받는 표현입니다.

🎲 Step 1 문장 익히기

10번 반복해서 큰 소리로 읽어보며 내 것으로 만듭니다.

● **Are you serious? That's shocking!**
진심이야? 그거 충격적이다!

● **For real? That's hard to believe.**
그거 실화야? 믿기 힘들어.

● **You're kidding me. I can't believe he said that!**
농담하지 마. 그가 그렇게 말했다니 믿을 수가 없어!

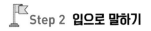

Step 2 입으로 말하기

3초 안에 영어로 나오지 않는다면 다시 STEP 1으로 돌아가 연습합니다.

 진심이야? 그거 충격적이다!

진심이야? 그거 충격적이다!

그거 실화야? 믿기 힘들어.

농담하지 마. 그가 그렇게 말했다니 믿을 수가 없어!

Step 3 실전 대화에서 연습하기

학습한 문장을 활용해 실전 대화 연습을 해 봅시다.

A Did you hear what happened? Josh's wife cheated on him.

B Are you serious? They seemed so happy.

A For real? I thought they were always fighting.

B You're kidding me, right? Every time I saw them together, they were so lovey-dovey.

A 무슨 일이 있었는지 들으셨어요? 조쉬의 아내가 바람을 피웠대요.
B 진짜예요? 둘이 정말 행복해 보였는데.
A 정말이요? 저는 둘이 항상 싸운다고 생각했어요.
B 농담하시는 거죠, 그렇죠? 그들이 함께 있는 것을 볼 때마다 둘이 정말 알콩달콩했어요.

Day
090

'혐오스러움'을 표현할 땐
이렇게 말해 봐!

1 I can't stand the sight of animal cruelty.
난 동물 학대를 보는 걸 참을 수 없어.

2 Spiders make my skin crawl.
거미는 나를 소름 끼치게 해.

3 The verdict made me sick to my stomach!
나는 그 결정에 정말 화가 나고 역겨워!

Native's TIP!

　　오늘은 싫어하거나 혐오를 표현하는 방법에 대해 알아보겠습니다. 우선, can't stand the sight of ~는 '~을 보는 걸 참거나 견딜 수 없다'라는 뜻의 표현입니다. 두 번째, make one's skin crawl의 crawl에는 '기어가다'라는 의미 외에 '(벌레가 기는 것처럼) 근질근질하다'라는 뜻이 있습니다. 벌레가 피부에 있다는 생각만으로도 머리가 쭈뼛 서는 기분일 텐데요. 이처럼 이 표현은 무언가 소름 끼칠 정도로 싫거나 무서울 때 쓰는 표현입니다. 마지막으로, make someone sick to someone's stomach는 '누군가를 화나게 하거나 토할 정도로 역겹게 하다'라는 의미를 나타냅니다.

🎲 Step 1 문장 익히기

10번 반복해서 큰 소리로 읽어보며 내 것으로 만듭니다.

● **I can't stand the sight of racism. Racists need to grow up.**
나는 인종 차별을 목격하는 걸 참을 수가 없어. 인종 차별주의자들은 좀 더 성숙해져야 해.

● **He makes my skin crawl. He is so creepy and strange.**
그는 나를 소름 끼치게 해. 너무 징그럽고 이상해.

● **It makes me sick to my stomach when I see that. Change the channel, please.**
난 그걸 볼 때 역겨워. 제발 채널 좀 돌려줘.

Step 2 입으로 말하기

3초 안에 영어로 나오지 않는다면 다시 STEP 1으로 돌아가 연습합니다.

- 나는 인종 차별을 목격하는 걸 참을 수가 없어. 인종 차별주의자들은 좀 더 성숙해져야 해.

- 그는 나를 소름 끼치게 해. 너무 징그럽고 이상해.

- 난 그걸 볼 때 역겨워. 제발 채널 좀 돌려줘.

Step 3 실전 대화에서 연습하기

학습한 문장을 활용해 실전 대화 연습을 해 봅시다.

A I can't stand the sight of that killer. What a terrible person.

B He makes my skin crawl when I look at him.

A Me too. What a creep.

B It makes me sick to my stomach that people like him exist.

A 난 그 살인자 꼴도 보기 싫어. 정말 끔찍한 사람이야.
B 그 사람을 보면 나 소름 끼쳐.
A 나도. 너무 싫어.
B 그와 같은 사람들이 존재한다는 게 역겨워.

'전화 받을 때' 능숙하게 말할 수 있는 표현들에 대해 알아보자!

<u>1</u> **May I ask who is speaking?**
전화 거신 분이 누구신지 여쭤봐도 될까요? / 전화 거신 분 성함 좀 말씀해 주시겠어요?

<u>2</u> **Could you speak a little louder[slower], please? / I'm sorry I didn't quite catch that. Could you say that again, please?** 조금 더 크게[천천히] 말씀해 주시겠어요? /
죄송하지만 잘 못 들었어요. 다시 말씀해 주시겠어요?

<u>3</u> **Hold on, please. I will put you through to Jenny.** 잠시만 기다려 주세요. 제니에게 전화 연결해 드릴게요.

Native's TIP!

　　오늘은 전화 받을 때 쓰는 표현을 배워보겠습니다. 우선, 전화 건 사람의 신분을 물을 때는 May I ask who is speaking?이라고 말하며, 너무 작거나 빨리 말해서 알아듣기 힘들 때는 Could you speak a little louder[slower], please? '조금 더 크게[느리게] 말씀해 주시겠어요?'라고 정중히 말하면 됩니다. 제대로 못 들었을 때는 I'm sorry I didn't quite catch that. Could you say that again, please? '죄송하지만 잘 못 들었습니다. 다시 말씀해 주시겠어요?'라고 하고, '~에게 전화를 연결해 주다'라고 할 때는 Hold on, please. I will put you through to + 전화 바꿔줄 대상.이라고 하면 됩니다.

🎲 Step 1 **문장 익히기**

　　10번 반복해서 큰 소리로 읽어보며 내 것으로 만듭니다.

● **Hello, Stay Positive Insurance. How may I help you? May I ask who is speaking?** 안녕하세요, 스테이 포지티브 보험사입니다. 무엇을 도와드릴까요? 전화 거신 분 성함 좀 알 수 있을까요?

● **I'm sorry I didn't quite catch that. Could you say that again, please?** 죄송하지만, 제가 잘 못 들어서요. 다시 말씀해 주시겠어요?

● **Okay, hold on, please. I will put you through to Krystal.** 네, 잠시만 기다려 주세요. 제가 크리스탈에게 전화 연결해 드릴게요.

Step 2 입으로 말하기

3초 안에 영어로 나오지 않는다면 다시 STEP 1으로 돌아가 연습합니다.

◉ 안녕하세요, 스테이 포지티브 보험사입니다. 무엇을 도와드릴까요? 전화 거신 분 성함 좀 알 수 있을까요?

◉ 죄송하지만, 제가 잘 못 들어서요. 다시 말씀해 주시겠어요?

◉ 네, 잠시만 기다려 주세요. 제가 크리스탈에게 전화 연결해 드릴게요.

Step 3 실전 대화에서 연습하기

학습한 문장을 활용해 실전 대화 연습을 해 봅시다.

A Good morning, Dr. Lee's office. How can we help you?

B Yes, I'd like to talk with Dr. Lee, please.

A May I ask who's speaking?

B My name is Minji Kim.

A Could you speak a little louder, please? Your phone keeps cutting out.

B Oh sorry, Minji Kim. I'm a student from his university.

A Okay, Ms. Kim. Hold on, please. I will put you through.

A 안녕하세요, 이 박사님 사무실입니다. 무엇을 도와드릴까요?
B 네, 이 박사님과 통화를 좀 하고 싶은데요.
A 전화 거신 분 성함 좀 알 수 있을까요?
B 김민지입니다.
A 조금 더 크게 말씀해 주시겠어요? 전화가 자꾸 끊겨서요.
B 오 죄송해요, 김민지요. 이 박사님의 학생이에요.
A 네, 김민지 학생. 잠시만 기다려 주세요. 연결해 드릴게요.

'허락을 구할 때' 쓸 수 있는
표현들이 이렇게 다양하다니!

<u>1</u> **May I please borrow a pen?**
펜 하나 빌릴 수 있을까요?

<u>2</u> **Do you mind if I use this?**
제가 이거 좀 써도 될까요?

<u>3</u> **Would I be able to get a window seat?**
창가 좌석으로 할 수 있을까요?

Native's TIP!

정중하게 허락을 구할 때 쓰는 표현으로 May I ~?나 Could I ~?가 가장 먼저 떠오르실 텐데요. 이 표현 외에 May I please + 동사?, Do you mind if I + 동사?, 그리고 Would I be able to + 동사? 등의 표현도 있습니다. May I ~?는 May I come in? '들어가도 될까요?'처럼 일상생활에서 허락을 구할 때 자주 쓰는 표현입니다. 두 번째, Do you mind if I ~?의 경우, '제가 ~를 하는데 괜찮으실까요?'라는 의미로, 뒤에 나오는 행위를 해도 괜찮은지를 묻는 표현입니다. 만약 괜찮다면 Not at all. '전혀 상관없어요.'라고 하고, 괜찮지 않다면 Yeah, I would appreciate if you don't. '그렇게 안 해주시면 감사하겠어요.' 정도로 답할 수 있습니다. 마지막으로 Would I be able to ~?는 '제가 ~할 수 있을까요?'라는 의미로, 이 또한 정중하게 상대의 허락을 구하는 표현이므로 잘 알아두세요.

🎲 Step 1 문장 익히기

10번 반복해서 큰 소리로 읽어보며 내 것으로 만듭니다.

● **Excuse me, may I please use your bathroom?**
실례지만, 화장실 좀 사용해도 될까요?

● **Do you mind if I turn off the air-conditioner?**
제가 에어컨을 좀 꺼도 될까요?

● **Would I be able to leave early today?**
오늘 일찍 퇴근할 수 있을까요?

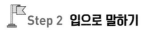

Step 2 입으로 말하기

3초 안에 영어로 나오지 않는다면 다시 STEP 1으로 돌아가 연습합니다.

◦ 실례지만, 화장실 좀 사용해도 될까요?

◦ 제가 에어컨을 좀 꺼도 될까요?

◦ 오늘 일찍 퇴근할 수 있을까요?

 Step 3 실전 대화에서 연습하기

학습한 문장을 활용해 실전 대화 연습을 해 봅시다.

A Good afternoon, Professor Lee. I need your permission on a few things. First, may I please get an extension on my assignment?

B I will need to think about it more, but I will get back to you soon. What else do you need?

A Do you mind if I skip class tomorrow? An urgent family matter came up.

B Okay, I see. Is this why you need an extension?

A Yes. And one last thing, would I be able to leave class early today?

A 안녕하세요, 이 교수님. 제가 몇 가지 일에 교수님의 허락이 필요한데요. 먼저, 제 과제 기한을 연장해 주실 수 있을까요?

B 그건 조금 더 생각해봐야 해요, 하지만 곧 알려드릴게요. 다른 건 또 뭐가 필요하죠?

A 내일 수업을 빠져도 될까요? 집에 급한 일이 생겨서요.

B 알겠어요. 이것 때문에 연장이 필요한 건가요?

A 네. 그리고 마지막으로, 오늘 수업에서 일찍 나가도 될까요?

'계산할 때' 당황하지 말고
이 표현들만 알아 둬!

1 I will pay by cash[credit card/debit card].
현금[신용카드/체크카드]으로 계산할게요.

2 Is it possible to pay separately?
각자 따로 결제해도 되나요?

3 My treat. / My shout. / It's on me.
내가 살게.

Native's TIP!

오늘은 계산할 때 쓰는 표현에 대해 알아보겠습니다. 보통 계산할 때는 I will pay by cash(현금)[credit card(신용카드)/debit card(체크카드)].라고 답하면 됩니다. 또, 일행과 함께 식사한 후 점원에게 따로 결제가 가능한지 물어보고 싶을 때는 Is it possible to pay separately? '나눠서 따로 결제해도 되나요?'라고 물어보면 됩니다. 더치페이하자고 할 때는 Let's go Dutch. 또는 Let's split the bill. 등으로 말할 수 있습니다. 하지만 만약 여러분이 상대방의 음식값도 함께 지불하고 싶다면, My treat.이나 It's on me. 또는 호주식 영어 표현 My shout.라고 하면 됩니다. I will buy.는 콩글리시이므로 쓰지 않도록 주의하세요.

🎲 **Step 1 문장 익히기**

10번 반복해서 큰 소리로 읽어보며 내 것으로 만듭니다.

● **I will pay by cash. But I'm sorry, can you split a $100 bill?** 현금으로 계산할게요. 근데 죄송하지만, 100달러를 나눠서 낼 수 있을까요?

● **Is it possible to pay separately? Or should we pay one bill, one table?**
각자 따로 결제해도 될까요? 아니면 테이블당 계산서 하나로 지불해야 하나요?

● **Let's all go out for dinner. My treat! I feel generous today!** 저녁 외식하러 가자. 내가 살게! 오늘은 좀 베풀고 싶군!

Step 2 입으로 말하기

3초 안에 영어로 나오지 않는다면 다시 STEP 1으로 돌아가 연습합니다.

- 현금으로 계산할게요. 근데 죄송하지만, 100달러를 나눠서 낼 수 있을까요?

- 각자 따로 결제해도 될까요? 아니면 테이블당 계산서 하나로 지불해야 하나요?

- 저녁 외식하러 가자. 내가 살게! 오늘은 좀 베풀고 싶군!

Step 3 실전 대화에서 연습하기

학습한 문장을 활용해 실전 대화 연습을 해 봅시다.

A Dinner was fantastic. We really enjoyed it.

B Excellent, and how will you be paying today?

A Is it possible to pay separately?

B Unfortunately, we require one table, one payment.

A I guess it's my treat tonight. I will pay by cash.

A 저녁 식사가 환상적이었어요. 정말 잘 먹었어요.
B 다행이네요, 그리고 오늘 식사비는 어떻게 지불하시겠어요?
A 각각 따로 계산해도 될까요?
B 안타깝지만, 저희는 한 테이블당 한 번만 결제가 가능합니다.
A 그렇다면 오늘 밤엔 제가 사야겠군요. 현금으로 결제할게요.

'대화를 마쳐야 할 때'는 상대가 누군지 고려하며 상황에 맞게 표현해 봐!

1 **It was really good to talk to you, but I've gotta run.**
너와 이야기를 나눠 정말 즐거웠어. 하지만 난 이만 가봐야 해.

2 **Anyway, I should get back to work.**
어쨌든, 저는 다시 일하러 가봐야 해요.

3 **I don't want to disturb you, so I'll talk to you later.**
방해하고 싶지 않으니, 나중에 또 얘기해요.

Native's
TIP!

대화를 하다가 중간에 급히 가봐야 할 상황이 생길 때는 어떤 표현을 써야 할까요? 우선, It was really good to talk to you, but I've gotta run.은 '대화를 나눠 즐거웠는데 이만 가봐야 해' 라는 의미로, 친구 사이에서 편하게 쓸 수 있는 표현입니다. 두 번째로, Anyway, I should get back to work.는 좀 더 공손하게 대화를 마치는 표현으로 직장 동료에게 쓸 수 있는 표현입니다. 마지막으로, I don't want to disturb you, so I'll talk to you later.는 여러분이 상대방의 시간을 뺏은 경우, 더 이상 방해하기 싫으니 나중에 얘기하자고 마무리하는 상황에서 사용할 수 있는 표현입니다.

🎲 Step 1 문장 익히기

10번 반복해서 큰 소리로 읽어보며 내 것으로 만듭니다.

● **I'm so happy to run into you. It was really good to talk to you, but I've gotta run.**
너와 마주쳐서 너무 좋았어. 이야기를 나눠서 정말 즐거웠는데, 난 이만 가봐야 해.

● **Okay. Let's meet at 5. Anyway, I should get back to work.**
네. 다섯 시에 만나요. 어쨌든, 저는 다시 일하러 가봐야 해요.

● **Thank you again for helping me out. I don't want to disturb you anymore, so I'll talk to you later.**
다시 한번 더 도와줘서 고마워요. 더 이상 방해하고 싶지 않으니, 나중에 또 얘기해요.

Step 2 입으로 말하기

3초 안에 영어로 나오지 않는다면 다시 STEP 1으로 돌아가 연습합니다.

- 너와 마주쳐서 너무 좋았어. 이야기를 나눠서 정말 즐거웠는데, 난 이만 가봐야 해.

- 네. 다섯 시에 만나요. 어쨌든, 저는 다시 일하러 가봐야 해요.

- 다시 한번 더 도와줘서 고마워요. 더 이상 방해하고 싶지 않으니, 나중에 또 얘기해요.

Step 3 실전 대화에서 연습하기

학습한 문장을 활용해 실전 대화 연습을 해 봅시다.

A It was so good to run into you.

B It was really good to talk to you as well, but I've gotta run. I have a Pilates class in 10 minutes.

A 만나서 너무 반가웠어.
B 나도 너와 대화를 나눠서 정말 좋았어. 그런데 난 지금 가봐야 해. 10분 후에 필라테스 수업이 있어.

A You sound like you had an interesting weekend.

B Yeah, it was great. Anyway, I should get back to work.

A Sure, I don't want to disturb you, so I'll talk to you later.

B Yeah, I will see you later.

A 즐거운 주말을 보내셨나 보네요.
B 네, 좋았어요. 그나저나, 저 다시 일하러 가봐야 해요.
A 물론이죠, 방해하고 싶지 않으니, 나중에 또 얘기해요.
B 네, 나중에 또 봐요.

'난 음치야, 몸치야'라는
표현을 영어로는 어떻게 말할까?

<u>1</u> **This song is my jam!**
이 노래 내가 좋아하는 거야!

<u>2</u> **I'm tone-deaf, but I love to sing.**
전 음치이지만, 노래 부르는 걸 좋아해요.

<u>3</u> **I'd love to dance with you,
but I have two left feet.**
당신과 함께 춤을 추고 싶지만, 저는 몸치예요.

Native's TIP!

오늘은 '내 취향의 음악이다', '음치이다', 또는 '몸치이다' 등의 표현들을 배워볼게요. 우선, 여러분이 어딜 가다가 좋아하는 노래가 나오면 This song is my jam!이라고 표현할 수 있습니다. jam의 경우, 흔히 아는 달콤한 '잼' 말고도, '좋아하고 즐기고 또는 소중히 하는 대상'에 대해 얘기할 때 쓸 수 있는 슬랭입니다. 두 번째 표현은 '음치'를 나타내는 말로, deaf는 '귀가 먹은 사람', tone은 '음조, 음색'을 가리킵니다. 따라서 '음을 구별하지 못하는 사람' 또는 '노래를 못하는 사람'을 의미하는 것이죠. 마지막으로, have two left feet은 직역하면 '왼발이 두 개이다'라고 해석할 수 있는데요. 왼쪽 발만 두 개면 제대로 걷지 못하겠죠? 이와 비슷한 맥락으로 '춤을 못 추는 사람'을 가리킵니다.

 Step 1 문장 익히기

10번 반복해서 큰 소리로 읽어보며 내 것으로 만듭니다.

● **I know this genre was your jam.**
이 장르가 네가 좋아했던 장르인 걸 알고 있어.

● **My friend is a great singer, but I'm tone-deaf.**
제 친구는 훌륭한 가수지만, 저는 음치예요.

● **I have two left feet, so you'd better find another dance partner.**
저는 몸치라서, 다른 댄스 파트너를 구하시는 게 나을 거예요.

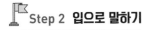

Step 2 입으로 말하기

3초 안에 영어로 나오지 않는다면 다시 STEP 1으로 돌아가 연습합니다.

○ 이 장르가 네가 좋아했던 장르인 걸 알고 있어.

○ 제 친구는 훌륭한 가수지만, 저는 음치예요.

○ 저는 몸치라서, 다른 댄스 파트너를 구하시는 게 나을 거예요.

 ## Step 3 실전 대화에서 연습하기

학습한 문장을 활용해 실전 대화 연습을 해 봅시다.

A I love this song! It's my jam!

B I love this song too! I love singing to it, but I'm tone-deaf.

A Let's go and dance on the stage.

B No way! Not only am I tone-deaf, but I also have two left feet!

A 나 이 노래 좋아! 내가 정말 좋아하는 거야!
B 나도 이 노래 좋아해! 따라 부르는 걸 좋아하지만, 나는 음치야.
A 무대에 올라가서 춤추자.
B 싫어! 난 음치일 뿐만 아니라, 몸치야!

'정신 차려!'라고 말하고
싶을 땐 이 표현들만 알아 둬!

1 **Get a grip on yourself!** 정신 차려!

2 **Pull yourself together!** 정신 차려!

3 **Come on, snap out of it!** 자 자, 정신 차려!

Native's TIP!

오늘은 정신 차리라고 말할 때 쓸 수 있는 표현들을 배워보겠습니다. 우선, 첫 번째 표현 get a grip on oneself는 '마음을 가라앉히다, 자제하다'라는 의미입니다. grip에는 '꽉 붙잡음'이라는 의미가 있는데, '스스로를 단단히 다잡는다'라는 맥락에서 '정신 차리다'라는 의미로 이해하면 될 것 같습니다. 두 번째, pull oneself together에서 pull together는 '모으다'라는 뜻으로, '본인 스스로를 모으다'라는 의미이니 이것도 '정신을 차리다' 또는 '진정하다'라는 뜻으로 연결시켜 볼 수 있겠죠. 마지막으로 snap은 손가락으로 딱딱 소리를 내는 것을 가리키는데요. snap out of it이라고 하면 무언가에 빠져 있지 말고 '정신 차리거나 일어나라'라는 의미가 됩니다. 오늘 배운 표현들은 다소 공격적으로 들릴 수 있으니, 친한 친구들에게만 사용하는 게 가장 좋다는 점 주의하세요.

🎲 Step 1 문장 익히기

10번 반복해서 큰 소리로 읽어보며 내 것으로 만듭니다.

● **I'm so tired that I'm not making sense. I need to get a grip on myself.**
나 너무 피곤해서 말도 제대로 안 나와. 정신 좀 차려야겠어.

● **Pull yourself together! This is the final round, and you need to work hard.**
정신 좀 차려! 이게 마지막 라운드이고, 넌 열심히 해야 해.

● **Snap out of it! You've been daydreaming all day.**
정신 좀 차려! 너 하루 종일 몽상만 했잖아.

Step 2 입으로 말하기

3초 안에 영어로 나오지 않는다면 다시 STEP 1으로 돌아가 연습합니다.

- 나 너무 피곤해서 말도 제대로 안 나와. 정신 좀 차려야겠어.

- 정신 좀 차려! 이게 마지막 라운드이고, 넌 열심히 해야 해.

- 정신 좀 차려! 너 하루 종일 몽상만 했잖아.

 ## Step 3 실전 대화에서 연습하기

학습한 문장을 활용해 실전 대화 연습을 해 봅시다.

A This is the third mistake you've made today. Get a grip on yourself.

B I'm so sorry. You're right. I really need to pull myself together.

A If you make one more mistake, I won't be so forgiving next time.

B Please don't. I've already snapped out of it!

A 이번이 당신이 오늘 저지른 세 번째 실수예요. 정신 좀 차리세요.

B 정말 죄송합니다. 당신 말이 맞아요. 저는 진짜 정신 좀 차려야 해요.

A 만약 실수를 한 번 더 한다면, 다음에 봐드리지 않을 거예요.

B 제발 그러지 말아 주세요. 저 이미 정신 차렸어요!

'할 얘기가 있어' 하고 진지하게
이야기를 건넬 땐 어떻게 말할까?

1 **I have something to tell you.**
당신에게 할 이야기가 있어요.

2 **Can I talk to you for a minute?**
잠시 이야기 좀 할 수 있을까요?

3 **There's something I think you should know.**
당신이 알아야 할 것이 있어요.

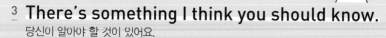

Native's TIP!

　친구나 동료 그리고 가족들에게 진지한 이야기를 해야 할 때 I have something to tell you. '할 이야기가 있어요.'나 There's something I think you should know. '당신이 알아야 할 것이 있어요.'와 같은 표현들을 사용할 수 있으며, 대신 뒤에 나올 이야기가 심각하기 때문에 다소 느린 속도로 말하는 것이 좋습니다. 의문문인 Can I talk to you for a minute? '잠시 이야기 좀 할 수 있을까요?'도 조심스럽게 이야기를 건넬 때 쓰는 표현입니다. 주의할 점은 이러한 표현들이 다소 무거운 분위기를 조장할 수도 있으니 크게 심각하거나 진지한 이야기일 경우에만 사용하도록 하세요!

🎲 Step 1 문장 익히기

　10번 반복해서 큰 소리로 읽어보며 내 것으로 만듭니다.

● **I have something to tell you. Work is firing 3 people later today.** 당신에게 할 얘기가 있어요. 회사가 오늘 늦게 3명을 해고할 거예요.

● **Can I talk to you for a minute? It's important, and I think it's best we talk in my office.**
잠깐 이야기 좀 할까요? 중요한 거라, 제 사무실에서 이야기하는 게 가장 좋을 것 같아요.

● **There's something I think you should know before you make a decision.**
결정을 내리기 전에 네가 알고 있어야 할 게 있어.

Step 2 입으로 말하기

3초 안에 영어로 나오지 않는다면 다시 STEP 1으로 돌아가 연습합니다.

- 당신에게 할 얘기가 있어요. 회사가 오늘 늦게 3명을 해고할 거예요.

- 잠깐 이야기 좀 할까요? 중요한 거라, 제 사무실에서 이야기하는 게 가장 좋을 것 같아요.

- 결정을 내리기 전에 네가 알고 있어야 할 게 있어.

 ## Step 3 실전 대화에서 연습하기

학습한 문장을 활용해 실전 대화 연습을 해 봅시다.

A Hi, Jane. Can I talk to you for a minute?

B Sure, what's up?

A Jane, I have something to tell you. I'm sorry, but we have to let you go.

B Oh, my god. Why?

A There is something I think you should know. Unfortunately, you got the lowest scores.

A 안녕하세요, 제인. 잠깐 이야기 좀 할까요?
B 물론이죠, 무슨 일인가요?
A 제인, 당신에게 할 얘기가 있어요. 죄송하지만, 우린 당신을 보내야만 해요.
B 세상에, 왜요?
A 당신이 알고 있어야 할 게 있어요. 유감스럽게도, 당신이 가장 낮은 점수를 받았어요.

'잘 부탁드립니다'라는
영어 표현이 있을까?

1 I'm looking forward to working with you. /
I'm excited to work with you.
당신과 함께 일하기를 고대합니다. / 당신과 함께 일하게 되어 기쁩니다.

2 I'm pleased to be here. / I'm very excited to meet
you all. 이곳에 오게 되어 기쁩니다. / 여러분 모두를 만나게 되어 대단히 반갑습니다.

3 I appreciate it. Thank you for doing this.
감사합니다. 이걸 해주셔서 감사합니다.

Native's TIP!

영어로 '잘 부탁드립니다'는 어떻게 말하면 좋을까요? 사람 간에 수평적인 관계를 형성하는 미국에서는 '상대와 함께하게 된 그 감정'에 초점을 맞춰 I'm looking forward to working with you.나 I'm excited to work with you.라고 말하며 기대감과 반가움을 표현합니다. 또는 직장과 관련 없이 처음 만나게 되어서 기쁘다고 말하고 싶을 때는, I'm pleased to be here. '여기 오게 되어 기쁩니다.' 혹은 I'm very excited to meet you all. '여러분 모두를 만나게 되어 대단히 반갑습니다.'라고 할 수 있습니다. 마지막으로, 부탁한 일에 대한 감사함을 표현할 때에는 I appreciate it. Thank you for doing this. '감사합니다. 이걸 해주셔서 감사합니다.'라고 말하면 됩니다.

🎲 Step 1 문장 익히기

10번 반복해서 큰 소리로 읽어보며 내 것으로 만듭니다.

● **Thank you for welcomeing me. I'm looking forward to working with you.** 환영해 주셔서 감사해요. 당신과 함께 일하기를 고대합니다.

● **I'm pleased to be here. I'm a little shy, so please go easy on me.** 여기 오게 되어 기쁩니다. 제가 부끄러움을 좀 타니, 너그럽게 대해 주세요.

● **I appreciate it. Thank you for doing this. I will do my best.** 감사해요. 이걸 해주셔서 감사합니다. 최선을 다할게요.

Step 2 입으로 말하기

3초 안에 영어로 나오지 않는다면 다시 STEP 1으로 돌아가 연습합니다.

◎ 환영해 주셔서 감사해요. 당신과 함께 일하기를 고대합니다.

◎ 여기 오게 되어 기쁩니다. 제가 부끄러움을 좀 타니, 너그럽게 대해 주세요.

◎ 감사해요. 이걸 해주셔서 감사합니다. 최선을 다할게요.

Step 3 실전 대화에서 연습하기

학습한 문장을 활용해 실전 대화 연습을 해 봅시다.

A Everyone, I would like to introduce you to our new manager, Sarah.

B Nice to meet you, everyone. I'm looking forward to working with you all.

A 여러분, 새로 오신 매니저 사라를 소개해 드릴게요.
B 모두 만나서 반가워요. 여러분 모두와 함께 일하기를 고대할게요.

A We are excited to have you here.

B Thank you. I'm also pleased to be here.

A This is Greg. He is going to show you around the office.

B I appreciate it. Thank you again for doing this.

A 당신을 이곳에 모시게 되어 기뻐요.
B 감사합니다. 저도 여기 오게 되어 기쁘네요.
A 여기는 그레그예요. 그레그가 사무실 구경을 시켜줄 거예요.
B 감사합니다. 이렇게 해주셔서 다시 한번 더 감사드려요.

'좋은 소식을 전할 때' 어떻게 대화를 시작하면 좋을까?

1 I'm pleased to announce my retirement.
제 은퇴 소식을 알리게 되어 기쁩니다.

2 I've got some good news. I passed the test.
좋은 소식이 있어요. 제가 그 시험을 통과했어요.

3 Guess what? I got accepted into the top university.
그거 알아? 나 명문대에 합격했어.

Native's TIP!

　　오늘 배우는 표현들은 좋은 소식이 있다는 것을 알리며 화제를 전환하는 표현들입니다. 우선 첫 번째로, I'm pleased to announce[tell you] (that) ~라는 표현은 '제가 당신에게 ~를 알리게[말하게] 되어 기쁩니다'라는 의미입니다. 동사 announce와 tell 뒤에는 좋은 소식에 해당되는 명사나 that절 이하의 구문을 덧붙이면 됩니다. 두 번째, '좋은 소식이 있다'고 직접적으로 알릴 때는 I've got some good news.라고 하면 됩니다. have got은 동사 have의 동의어로 '가지고 있다'라는 의미입니다. 마지막으로, Guess what?은 보통 가볍게 떠도는 소문이나 좋은 소식을 말하기 전 상대방의 궁금증을 유발하는 표현으로, '무슨 일인지 맞혀봐!' 또는 '그거 알아?'라고 해석할 수 있습니다.

🎲 Step 1 문장 익히기

10번 반복해서 큰 소리로 읽어보며 내 것으로 만듭니다.

- I'm pleased to announce that I am getting married this year. 올해 제가 결혼하게 되었다는 소식을 알려 드리게 되어 기쁩니다.

- I've got some good news! I can come to your party this weekend. 좋은 소식 있어! 나 이번 주말에 네 파티에 갈 수 있게 되었어.

- Guess what? I got a promotion! Let's go out and celebrate. 그거 알아? 나 승진했어! 나가서 같이 축하하자.

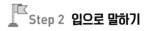
Step 2 입으로 말하기

3초 안에 영어로 나오지 않는다면 다시 STEP 1으로 돌아가 연습합니다.

- 올해 제가 결혼하게 되었다는 소식을 알려 드리게 되어 기쁩니다.

- 좋은 소식 있어! 나 이번 주말에 네 파티에 갈 수 있게 되었어.

- 그거 알아? 나 승진했어! 나가서 같이 축하하자.

Step 3 실전 대화에서 연습하기

학습한 문장을 활용해 실전 대화 연습을 해 봅시다.

A I'm pleased to tell you I'm quitting my job next month.

B That's great news. I know you hated that job. I've got some good news as well.

A What is it?

B I'm pregnant! I couldn't wait to tell you!

A 내가 다음 달에 회사 그만둘 거란 걸 말하게 되어서 기뻐.
B 좋은 소식이네. 난 네가 그 직장 싫어하는 거 알고 있었어. 나도 좋은 소식이 있어.
A 뭔데?
B 나 임신했어! 너한테 빨리 말해주고 싶었어!

A Guess what?

B What? You look so excited.

A I won the lotto!

B No way! What are you going to buy me first?

A 무슨 일인지 맞혀봐.
B 뭐야? 너 너무 신나 보여.
A 나 로또 당첨됐어!
B 말도 안 돼! 우선 나한테 뭐부터 사줄 거야?

'내 생각에는'이라고 의견을 말할 때 쓰는 표현을 알아보자!

1 From my point of view, he made the wrong decision.

내 관점에서는, 그가 잘못된 결정을 한 것 같아.

2 If you ask me, I would do it differently.

내 생각에는, 나라면 다르게 할 것 같아.

3 I would say that it's best to try again.

세 생각에는 나시 시노해보는 게 최선인 것 같아요.

Native's TIP!

평소 상대와 이야기를 주고받으며 개인적인 의견을 말할 때 I think ~라는 표현만 사용해왔다면 오늘 배울 표현들이 유용하게 쓰일 것 같습니다. 우선 from my point of view라는 표현은 '내 관점에서 보면, 내 시각에서는'이라는 의미를 나타냅니다. 두 번째, if you ask me이라는 표현은 직역하면 '나에게 물어본다면'이라는 뜻인데요, '내 생각에는'이라는 의미가 있습니다. 마지막으로, I would say that ~이라는 표현을 직역하면 '나라면 ~라고 말할 거예요'라는 의미로 '내 생각에는 ~인 것 같아요'라는 뜻입니다. 여기서 would에 힘을 줘서 말하면 '제가 이건 꼭 말씀드려야겠는데요'라며 다소 강한 의견을 표출하는 어투가 됩니다.

🎲 Step 1 문장 익히기

10번 반복해서 큰 소리로 읽어보며 내 것으로 만듭니다.

● From my point of view, I think it's a bad idea.

내가 보기에는, 그건 안 좋은 생각 같아.

● If you ask me, I reckon he should be fired.

제 생각으로는, 그는 해고당해야 한다고 생각해요.

● I would say that it isn't the right way.

내 생각에는 그건 옳은 방법이 아닌 것 같아.

Step 2 입으로 말하기

3초 안에 영어로 나오지 않는다면 다시 STEP 1으로 돌아가 연습합니다.

● 내가 보기에는, 그건 안 좋은 생각 같아.

● 제 생각으로는, 그는 해고당해야 한다고 생각해요.

● 내 생각에는 그건 옳은 방법이 아닌 것 같아.

Step 3 실전 대화에서 연습하기

학습한 문장을 활용해 실전 대화 연습을 해 봅시다.

A What do you think about the new prime minister?

B From my point of view, I think the nation made a big mistake.

A Really? If you ask me, I think they made the right decision.

B I would say that with him in power, the country is going to suffer.

A 새로운 수상에 대해서 어떻게 생각해?
B 내가 보기에는, 나라가 큰 실수를 한 것 같아.
A 진짜? 내 생각에는, 옳은 결정을 한 것 같은데.
B 내 생각엔 그가 권력을 가지게 되면 나라가 더 힘들어질 거야.

Speak Out!

❶ 새 영화 보고 싶어 죽겠어!　　　　　　　　　　　　Day **087**

❷ 제가 이거 좀 써도 될까요?　　　　　　　　　　　　Day **092**

❸ 요지는 알겠는데, 무슨 말이 하고 싶은 건가요?　　　Day **081**

❹ 정신 차려!　　　　　　　　　　　　　　　　　　　Day **096**

❺ 거미는 나를 소름 끼치게 해.　　　　　　　　　　　Day **090**

❻ 너와 이야기를 나눠 정말 즐거웠어, 하지만 난 이만 가봐야 해.　Day **094**

❼ 그를 보느니 차라리 죽는 게 낫겠어.　　　　　　　　Day **088**

❽ 내가 살게.　　　　　　　　　　　　　　　　　　　Day **093**

❾ 내 관점에서는, 그가 잘못된 결정을 한 것 같아.　　　Day **100**

❿ 내 취향은 아닌데, 한번 시도는 해볼게.　　　　　　　Day **085**

Answer

❶ I'm dying to see the new movie!
❷ Do you mind if I use this?
❸ I get the gist, but what's your point?
❹ Get a grip on yourself! / Pull yourself together! / Snap out of it!
❺ Spiders make my skin crawl.
❻ It was really good to talk to you, but I've gotta run.
❼ I'd rather die than see him.
❽ My treat. / My shout. / It's on me.
❾ From my point of view, he made the wrong decision.
❿ It's not my thing, but I'll try it once.

A ❶ _____ . ❷ _____ .
너에게 할 이야기가 있어. 사장님의 한물간 농담 정말 싫어.

B **Tell me about it!**
무슨 말인지 잘 알아!

A ❸ _____ ?
전화 거신 분이 누구신지 여쭤봐도 될까요?

B **I'm sorry, ❹ _____ . My name is Adam.**
죄송합니다, 제 소개를 먼저 했어야 했는데. 제 이름은 아담입니다.

A ❺ _____ **at the office during the summer.**
여름에 사무실에서 정장을 입어야 한다니 믿을 수 없어.

B ❻ _____ .
농담하지 마.

A **I have a job interview tomorrow. Could you please ❼ _____ ?**
나 내일 면접이 있어. 제발 날 좀 내버려 두면 안 될까?

B **All right, I won't bother you.**
알겠어, 방해하지 않을게.

A **Inflation is expected to stabilize soon.**
인플레이션이 곧 안정될 것으로 예상돼요.

B ❽ _____ . ❾ _____ ?
죄송하지만 이해가 잘 안 돼요. 조금 더 자세히 말씀해 주시겠어요?

Answer ♥ / ○

❶ I have something to tell you
❷ I can't stand the boss's old jokes
❸ May I ask who is speaking
❹ I should have introduced myself first
❺ I can't believe I have to wear suits

❻ You're kidding me
❼ leave me alone
❽ I'm afraid I don't follow
❾ Could you be more specific